학교가 불평등의 주범이라는 착각

학교의 재발견

학교의 재발견

초판 1쇄 찍은날   2023년 9월 20일
초판 1쇄 펴낸날   2023년 9월 27일

지은이   더글러스 다우니
옮긴이   임영신 · 최성수
펴낸이   한성봉
편집   최창문 · 이종석 · 오시경 · 권지연 · 이동현 · 김선형 · 전유경
콘텐츠제작   안상준
디자인   권선우 · 최세정
마케팅   박신용 · 오주형 · 박민지 · 이예지
경영지원   국지연 · 송인경
펴낸곳   도서출판 동아시아
등록   1998년 3월 5일 제1998-000243호
주소   서울시 중구 퇴계로 30길 15-8 [필동1가 26] 무석빌딩 2층
페이스북   www.facebook.com/dongasiabooks
전자우편   dongasiabook@naver.com
블로그   blog.naver.com/dongasiabook
인스타그램   www.instargram.com/dongasiabook
전화   02) 757-9724, 5
팩스   02) 757-9726
ISBN   978-89-6262-494-6 03370

※ 잘못된 책은 구입하신 서점에서 바꿔드립니다.

만든 사람들

책임편집   최창문
교정교열   김성희
크로스교열   안상준
표지디자인   최세정
본문디자인   김경주

학교가 불평등의
주범이라는 착각

학교의 재발견

더글러스 다우니 지음
최성수·임영신 옮김

동아시아

들어가며

"고소득층 백인 아이들이 많이 다니는 학교가 저소득층 소수인 종 아이들이 많은 학교보다 좋은 학교다." 미국에서는 부유한 아이들이 많은 학교가 학생들의 교육적 발달과 성장에 더욱 도움이 된다는 이런 믿음이 지배적이다(이 책에서 나는 학교 안팎의 '불평등'을 다룰 것이다). 이를 사실이라 여기는 학부모는 자녀를 사립학교에 보내거나 '좋은' 공립학교가 있는 부자 학군으로 이사를 한다. 경제적으로 여유가 없는 학부모들은 학교 개혁을 지지하며 자녀를 차터 스쿨*에 보낸다. 학교와 불평등에 관한 이러한

---

* 정부가 재원을 제공하지만, 운영 방식에는 간섭하지 않는 일종의 자율형 공립학교(옮긴이 주, 이하 동일).

학교의 재발견

이야기는 워낙 흔한 문화적 가설이 되는 바람에, 별다른 증거가 없어도 모두가 당연하게 받아들인다.

하지만 이러한 전제가 틀렸다면 어떨까? 가난한 아이가 다니는 학교에서나 부유한 아이가 다니는 학교에서나 배우는 것에 별 차이가 없다면 말이다. 사람들이 학교가 교육 불평등을 만들어 낸다는 전제를 당연한 듯 말하는 이유는 학교 간 교육 자원의 차이가 우리 눈에 직접 보이기 때문이다. 우리는 컴퓨터실이 마련된 신설 학교에 다니는 백인 아이들과, 시설이 부족한 낡은 학교에 다니는 흑인 아이들의 모습을 흔히 볼 수 있다. 언론에도 부유한 지역의 학교가 가난한 지역 학교에 비해 국어 및 수학 점수가 높다는 이야기가 자주 보도된다. 그런데도 좋은 학군에 대한 우리 생각이 오해라고 할 수 있을까? 자녀를 '좋은' 학교에 다니게 하려고 부모들이 쏟는 많은 시간과 에너지는 그저 낭비일 뿐일까?

이 책은 학교와 불평등에 대한 기존 증거를 다시 살펴보고, 새로운 증거를 바탕으로 학교와 불평등의 관계를 제대로 이해하는 것을 목적으로 한다. 기존 이야기가 다 틀렸다는 것은 아니다. 부유한 지역의 학교와 가난한 지역의 학교 간 교육 자원의 격차가 상당하다는 점은 여전히 중요하다. 다만 학교가 불평등의 주범이란 주장에 동의하기에는 잘 들어맞지 않는 몇 가지 경험적 양상들이 있다.

부유한 학생이 많은 학교가 가난한 학생이 많은 학교에 비해 훨씬 잘 가르치는 것이 사실이라면, 부유한 학생과 가난한 학생 간 성취도 격차는 아이들이 학교에 다니고 있는 학기 중에 더 벌어져야 한다. 하지만 실제는 그렇지 않다. 그렇다면 학교에 대한 기존의 생각을 재평가할 필요가 있다. 학교에 면죄부를 주기 위해서가 아니라 성취도 격차가 발생하는 시점과 이유를 정확히 알아내기 위해서다. 학업성취도 격차를 줄이기 위해 꼭 필요한 일이기도 하다.

내가 학교가 불평등의 주범이라는 전제를 의심하기 시작한 것은 1992년 어느 봄날 오후부터다. 나는 인디애나대학교에서 박사학위 논문을 열심히 쓰고 있었다. 지도교수였던 브라이언 파월Brian Powell 교수가 존스홉킨스대학교의 도리스 엔트위슬Doris Entwisle과 칼 알렉산더Karl Alexander가 쓴 「여름방학 동안 뒤처지는 성적Summer Setback」이란 제목의 논문을 권했다.[1] 무언가를 읽고 나서 세상을 보는 눈이 뒤바뀐 경험이 있는가? 그날 이후 그 논문은 이후 25년 가까이 내 지적 여정의 이정표가 되었다. 그 논문은 이렇게 말하고 있었다. 학교는 부유한 아이들보다 가난한 아이들에게 더 도움이 된다. 학교는 가난한 아이들이 겪는 불리함을 보완하는compensatory 역할을 한다.

학교의 재발견

그 논문이 보여준 바는 간단했다. 볼티모어의 고소득층 아이들과 저소득층 아이들 간 수학 실력 격차는 아이들이 학교에 나오지 않는 여름방학 동안에 크게 벌어졌지만 학기 중에는 더 이상 벌어지지 않았다. 여름방학 동안 성취도 격차가 벌어지는 양상은 사실 놀라운 일이 아니다. 고학력 부모를 둔 부유한 아이들은 방학 동안에도 부모가 건강하게 보살피며 도서관도 다니고, 안정적인 가정환경을 만끽하면서 학습을 꾸준히 이어나가기 때문이다. 충격적인 것은 학기 중의 결과였다. 학기 중에는 저소득층 자녀나 고소득층 자녀 모두 똑같은 학습 성장을 보였다! 가난한 집 아이들은 가정환경도 열악하고, 다니는 학교도 열악한데, 어떻게 이런 일이 일어날 수 있었을까?

논문을 읽고 난 뒤 내 생각이 바로 바뀌지는 않았다. 나는 여전히 학교가 불평등을 만드는 주범이라 믿었다. 볼티모어 연구에 뭔가 잘못된 것이 있겠거니 생각했다. 엔트위슬과 알렉산더의 주장이 단번에 깨달음으로 다가오지는 않았다. 엘리자베스 퀴블러-로스Elisabeth Kübler-Ross가 말한 슬픔의 수용 단계(부정→분노→절충→우울→수용)처럼 학교에 대한 내 생각은 점진적으로 변했다. 논문을 읽은 직후에는 부정과 분노 사이 어디쯤 있었다. 어쩌면 약간의 타협도 있었던 것 같다. 하지만 결국 나는 학교와 불평등에 대한 기존 생각을 바꿔야 한다는 결론에 이르렀다.

이 책은 내가 그 주장의 수용 단계에까지 도달한 과정에 대한 이야기다.

학교가 불평등의 주범이라는 시각은 학계의 주류 관점이었다. 내 입장이 바뀌는 데 오랜 시간이 걸린 이유다. 대학원에서 사회학을 공부하는 동안 나는 부유한 아이들이 가난한 아이들에 비해 더 좋은 학교의 혜택을 누린다는 점을 강조하는 연구에 익숙해져 있었다. 예를 들어, 조너선 코졸Jonathan Kozol의 『야만적 불평등Savage Inequalities』은 부유한 동네의 학교와 가난한 동네의 학교 간에 존재하는 교육 자원의 불평등을 생생하게 보여준다.[2]

부유한 집 아이들은 더 안전한 학교 환경 속에서 과외활동에도 더 활발히 참여하고, 뛰어난 역량을 갖춘 교사로부터 최신 교육과정을 접한다. 가난한 흑인 아이들이 주로 다니는 학교는 자원은 제한되어 있는 반면 학생은 너무 많다. 코졸은 인종에 따라 학교가 어떻게 분리되어 있는지, 가난한 집 아이들이 다니는 학교 건물이 얼마나 낙후되어 있는지를 보여준다. 이 책을 읽고도 느껴지는 바가 별로 없다면 〈미국 학교의 아이들Children in America's Schools〉이란 영화를 보라. 오하이오주의 부자 학군인 더블린에서 학생들이 누리는 첨단 시설과 남동부 애팔래치아 지역의 학교에서 컴퓨터조차 부족한 상황 간의 극명한 대비를 볼 수 있다.[3]

같은 학교 내에서도 잘사는 집 학생이 더 유리하다. 부유한 가정의 아이들은 실력이 부족해도 우수반이나 대학교 진학반에 배치될 가능성이 더 크다. 교사들도 열악한 가족 배경의 아이들에 비해 부유한 아이들에게 더 높은 교육적 기대를 한다. 이런 결과를 보여주는 연구를 보다 보면 학교의 질이 매우 중요하다는 기존 통설이 맞는 듯하다. 부유한 학생들이 가난한 학생들보다 훨씬 더 좋은 학교 교육을 누리고 있다. 학교는 교육 불평등을 만들어 내는 중요한 메커니즘인 것이다. 아무래도 볼티모어 연구 결과는 이상하다.

그러던 중 2000년대 초반 연방 교육부에서 수집한 「초기 아동기 종단 연구(ECLS-K:1998)」 자료가 공개되었다(ECLS-K 자료에 대한 자세한 설명은 〈부록 A〉 참조). 이는 볼티모어 연구 결과를 엄밀한 방식으로 확인해 볼 수 있는 새로운 자료였다. 미국 전역의 학생을 대표하는 전국 수준 자료가 처음 공개된 것은 아니었지만 ECLS-K 자료에는 아주 독특한 특징이 있었다. 기존 자료는 학생들을 1~2년에 한 번씩 조사했지만 ECLS-K의 경우 매년 두 번씩, 학기가 시작하는 시점과 학기가 끝나는 시점에 조사했다.

이와 같은 자료 수집 방식은 학교 효과를 연구하고자 하는 학자들에게 귀한 기회를 제공한다. 한 학년이 끝날 때 학생들의 성적을 측정하고, 여름방학이 지난 후 새 학년이 시작할 때 한 번 더 측정하면 학생들이 여름방학 동안 어떤 변화를 겪었는지 확인할 수 있기 때문이다. 학교에 나오는 기간과 학교에 나오지 않는 기간에 불평등이 어떻게 변화하는지를 전국 표본 자료로 처음 관찰할 수 있게 되었다. 과연 볼티모어 연구 결과가 전국 에서도 똑같이 재현될까?

오하이오주립대학교 연구팀은 '불평등이 학교에 다니는 중 에 더 빠르게 확대될까, 아니면 학교에 다니지 않을 때 더 빠르 게 확대될까'라는 큰 질문에 집중하기로 했다. 학교가 어떻게 불평등을 강화시키고 있는지 보여줄 수 있으리라 기대하면서 말이다. 볼티모어 연구 결과를 반박할 수 있으리라 기대하던 중 에 뜻밖의 일이 일어났다. 전국 표본 자료인 ECLS-K 자료에서 도 볼티모어 연구와 거의 유사한 결과가 발견된 것이다. 고소득 층과 저소득층 아이들 사이 학습 능력 차이가 학기 중보다 방학 동안 더욱 빠르게 커졌다. 볼티모어 연구 결과가 반박되기는커 녕 오히려 전국적인 현상이라는 것을 확인한 셈이었다.

우리는 2004년에 이 연구 결과를 「학교는 위대한 평등 촉 진자일까?Are schools the great equalizer?」라는 제목의 논문으로 발표했다. 하지만 그 이후에도 여전히 해결되지 않은 의문이 남아 있었다.[4] 성취도 격차가 학기 중에 더 커지는 것이 아니라면, 부유한 아이들이 많이 다니는 학교가 가난한 아이들이 많이 다니는 학교에 비해 정말 더 좋다고 할 수 있을까? 부유한 아이들이 많이 다니는 학교가 더 좋다는 믿음과 달리, 우리의 계절 비교seasonal comparisons 연구*는 그렇지 않다는 결과를 보여주었다. 적어도 아이들의 국어와 수학 점수에서는 그랬다. 이를 엄밀히 확인하기 위해서는 아이들의 학습에 상당한 영향을 미치는 가정환경과 거주지역 효과를 학교 효과와 세심하게 분리해 따로 살펴봐야 했다.

우리가 2008년에 발표한 또 다른 연구인 「'실패한' 학교는 정말 실패한 것일까?Are 'failing' schools really failing?」에서는 학교 효과만을 분리할 수 있었다. 아이들이 학교에 나오지 않는 여름방학 기간과 학기 중에 발생한 학습 발달 간 차이를 비교하는 새로운 접근법을 도입했다. 이러한 방식으로 학교를 평가해 보면 어떤 학교가 좋은 학교인지를 가늠하는 우리 믿음이 옳은 것이었는지 점검해 볼 수 있다. 연구 결과는 충격적이었다. 부유한 아이들이 많이 다니는 학교가 가난한 아이들이 많이 다니는 학교에 비해 딱히 더 잘 가르치고 있지 않았다.[5]

우리는 대단한 발견을 했다고 생각했다. 우리 연구 결과는

---

* 여름방학 전후에 학생들의 교육적 결과를 조사하여 학기 중과 방학 기간을 비교한 연구.

세상을 바꿀 것이라 기대했다. 학교는 불평등을 확대시키는 것이 아니라 오히려 줄이고 있고, 부유한 아이나 가난한 아이 모두 학교에서 배우는 것에서는 별 차이가 없음을 밝혀냈기 때문이다. 두 논문 모두 저명한 학술지에 게재되었고, 학술상도 받았고, 널리 인용도 되었다.

하지만 세상은 바뀌지 않았다. 교육학계조차 변한 것이 없었다. 『21세기를 위한 교육사회학Handbook of the Sociology of Education for the 21st Century』이라는 교과서의 최신판 서문에는 여전히 "사회적 약자에게 필요한 교육 기회는 무시되고 있다. 그들이 이용하는 교육기관 역시 열악한 상태로 유지되고 있다는 점을 명심해야 한다"라고 적혀 있다.[6] 널리 읽히는 또 다른 교육사회학 교과서 『학교와 사회: 교육에 대한 사회학적 접근Schools and Society: A Sociological Approach to Education』의 2017년 개정판도 마찬가지다. '교육에서의 인종, 계층, 젠더 문제'라는 장에 실린 여섯 편의 글 모두 학교가 불평등을 재생산하고 강화시킨다는 점을 강조하고 있다.[7]

내게 지도받고자 찾아오는 대학원생들도 십중팔구는 학교가 불평등을 강화시키는 것에 관해 연구하고 싶어 한다. 우리 논문이 학교가 불평등의 주범이라는 기존의 주류 관점을 무너뜨렸음에도 불구하고, 주류 관점에 기반한 담론들은 기세가 꺾이지 않고 반복되고 있다. 학교가 불평등의 주범이라는 생각은 여전히 학자들 사이에서 지배적이다. 우리 연구는 별다른 변화를 만들지 못한 셈이다.

물론 학교가 불평등을 완화하고 보완적 역할을 한다는 우리 연구 결과에 논쟁의 여지가 없는 것은 아니다. 학교가 보완적 역할을 하는 양상은 연구마다 다르게 나타난다. 고학년 학생들에 비해 저학년 학생들 사이에서 더 명확하게 드러나기도 한다. 비인지적인 능력보다는 인지적 능력에서 더 분명히 확인된다. 또한 인종에 따른 격차보다는 소득에 따른 격차에서 더 확실하게 발견된다. 방법론적으로도 완벽한 것은 아니다.

그럼에도 계절 비교 연구는 학교가 불평등을 강화한다는 결론을 보이는 연구들에 비해 발전한 형태다. 물론 양쪽 연구들모두 신중하게 검토할 필요는 있다. 계절 비교를 바탕으로 한우리 연구 결과가 학교와 불평등에 대한 주류 관점을 완전히 뒤집어 버리기에는 너무 조심스럽기도 했고, 너무 새롭기도 했다. 한계를 감안하더라도 우리 연구는 별다른 영향력을 미치지 못했다.

학교가 불평등의 원인이라는 전제가 틀렸는데, 학계에서정책 당국에 잘못된 조언을 하는 것은 아닌지 걱정이 되기 시작했다. 정부가 가난한 학군 내 학교를 개선하는 데 지나치게 집착하고 있다는 생각이 들었다. 그것 자체가 나쁘다는 것은 아니지만, 성취도 격차를 줄이고 궁극적으로 더 넓은 차원의 사회적 불평등을 줄이고자 할 때 최선의 방법은 아니다. 또한 성취도 격차가 어떻게 발생하고 유지되는지 제대로 이해하지 못한다면 사회의 **전반적인** 불평등을 줄이기 위한 노력이 오히려 저해될 수도 있다. 교육학자가 학교 내에서 불평등이 심화되는 과정을 연구하는 것은 당연하다. 하지만 학교가 불평등에 미치는 영향력이 미미하거나 심지어 완화한다는 연구 결과에 대해서도 열린 마음으로 인정하고 토론할 수 있어야 한다. 그러나 그런 일은 일어나지 않았다.

학교가 불평등을 확대시킨다는 주류 담론은 아주 강력하다. 많은 사람들에게 폭넓은 지지를 받으면서 하나의 주요한 문화적 전제로 자리 잡았다. 할리우드 영화가 묘사하는 전형적인 학교의 모습은 〈스탠드 업Stand and Deliver〉이나 〈슈퍼맨을 기다리며Waiting for Superman〉 등에서 볼 수 있듯, 가난한 아이들이 열악한 학교 환경에서 무능한 교사를 참고 견디는 모습이다. 이렇게 미디어가 주로 보여주는 학교의 모습도 학교와 불평등에 관한 잘못된 전제를 뒷받침한다. 무엇보다 중요한 건 학교가 불평등을 확대한다고 보고하는 수많은 학술 연구다.

하지만 이 책의 1부에서는 학교와 불평등을 다룬 산더미 같은 연구들이 단순한 상관관계에 의존해 있을 뿐이라는 점을 보여줄 예정이다. 학생들이 보여주는 학업성취도 격차가 정말 학교에서 기인한 것인지 인과관계를 따져보는 순간, 그 '산더미'는 와르르 무너진다. 국어와 수학 점수에서 부유한 아이들과 가난한 아이들 간에 큰 차이가 존재한다는 점은 사실이다. 하지만 가장 믿을 만한 연구들에 따르면 그런 격차는 학교 때문에 발생한 것이 아니다.

이 책이 주류 담론에 도전장을 내미는 최초의 시도는 아니다. 1966년에도 있었다. 당시에도 사람들은 학교 간 자원이 불평등하게 분배된 탓에 불평등이 발생한다고 생각했다. 연방 교육부는 존경받는 사회학자였던 제임스 콜먼James Coleman에게 이 문제를 연구해 달라고 의뢰했다. 콜먼 보고서라는 이름으로 더 널리 알려진 「기회의 평등Equality of Opportunity」이라는 방대한 보고서는 국어와 수학에서 관찰되는 불평등의 대부분이 가정환경에서 기인하며, 학교는 미미한 역할을 할 뿐이라는 결론을 내렸다. 젠크스Jencks와 동료들의 연구도 같은 결론이었다.[8] 콜먼 보고서를 둘러싼 사회과학자들의 논쟁은 지난 반세기 동안 계속되어 왔다. 정당한 비판 중 하나는 콜먼이 아이들을 특정한 시점에서만 관찰한 결과를 활용했기 때문에 인과관계를 주장하기 어렵다는 지적이다.[9]

나는 콜먼과 젠크스의 연구를 이어받아 이 책에서 학교와 불평등에 대한 논의를 두 가지 측면에서 발전시키고자 했다. 먼저, 학교가 불평등을 확대한다는 시각에서 벗어나 학교가 불평등을 줄인다는 새로운 가능성을 토론의 장으로 가져오고자 한다. 학교가 불평등을 완화하며 보완적인 역할을 할 가능성은 그동안 학계에서 진지하게 다뤄진 적이 없었다. 나는 4장에 학교의 보완적인 메커니즘을 작성하며 기존 학자들의 논의 중에 별로 참고할 만한 것이 없다는 사실에 놀라지 않을 수 없었다.

두 번째는, 콜먼과 젠크스가 1960~1970년대 당시 사용할 수 있었던 것보다 학교 효과 연구에 적합한 자료와 방법을 공유하고자 한다. 인과관계가 아니라 상관관계에 의존하고 있다는 점이 콜먼과 젠크스 연구의 약점이었다. 비판자들은 연구 설계를 제대로 하면 학교가 불평등을 확대시킨다는 결과가 나올 것이라 믿었다. 그러나 그 약점을 해결한 분석 결과는 콜먼과 젠크스를 비판했던 사람들의 예상과는 달랐다. 제대로 설계한 인과 연구가 보여준 바는 정반대였다. 학교는 불평등을 확대시키지 않는 정도에 그치는 게 아니라, 어떤 측면에서는 불평등을 줄이기까지 했다. 제대로 설계한 연구란 내가 앞서 설명한 계절 비교 연구, 즉 불평등이 학기 중과 방학 중 언제 더 빠르게 증가하는지 보여주는 연구를 의미한다.

계절 비교 연구의 결과는 최근 학계의 새로운 합의에도 부합한다. 부유한 아이들과 가난한 아이들 간 인지 능력 차이는 유치원에 들어가기 전부터 이미 존재하며, 초등학교에 들어간 후에는 크게 벌어지지 않는다는 내용이다. 실제로 성취도 격차의 상당 부분은 유치원 진입 시점부터 나타난다.[10] 불평등은 생애 매우 이른 시기부터 발생한다. 계절 비교 연구 결과와 조합해 보면, 불평등의 동력은 학교가 아니라 학교 밖에 있다는 점이 분명해진다.

이런 경험적 근거를 바탕으로 나는 학교가 불평등의 주범이라는 생각을 바꿀 수 있었다. 나는 이제 불평등에 대한 칼 알렉산더의 생각에 동의한다. 학교는 불평등을 유발하는 '문제'가 아니라 불평등 문제를 풀 수 있는 '해법'이다.[11] 학교에 대한 오해를 풀고 나니 성취도 격차에 맞서 싸우기 위해 학교 개혁이 필요하다고 생각하던 마음이 사그라들었다. 그렇다고 학교 개혁이 필요 없다는 말은 아니다. 학교는 불평등을 줄이는 데 의미 있는 역할을 한다. 학교 개혁의 방향을 올바르게 설정한다면 불평등을 더 줄일 수도 있다.

나도 어떤 학교에서는 아이패드가 넘쳐나고, 어떤 학교에서는 매우 기본적인 교육 자원도 부족해 어려움을 겪는 상황을 도덕적으로 용납하기 어렵다. 누구나 열심히 노력하기만 하면 기회를 누릴 수 있다는 우리의 가치와 어긋난다. 여러분이 다니

는 학교에 자원이 부족하다면 그만큼 여러분도 교육 기회를 충분히 누리지 못하게 된다.[12]

그러나 학교의 역할을 제대로 이해하고 나면, 학교 개혁이 가진 한계 또한 알 수 있게 된다. 최악의 경우, 학교 개혁은 불평등을 줄이기보다 불평등을 근본적으로 줄이기 위한 노력에 방해가 될 수도 있다. 학교 개혁은 전쟁이 벌어졌는데도 불구하고 구석에서 엉뚱하게 땅따먹기 놀이를 하는 상황과 비슷하다. 불평등의 원인에 대한 잘못된 시각을 사람들에게 확산시켜 불평등 문제를 악화시킬 수 있기 때문이다. 학교 개혁은 부유한 부모들이 자녀들을 가장 좋은 학교에 보내기 위해 특정 학군으로 몰리는 결과를 가져올 수 있다. 부모들의 기대와 달리 자녀들의 학습에 별 도움이 되지 않더라도 말이다. 결과적으로는 소득과 인종에 따른 거주지 분리 현상이 더욱 가속화되고 사람들의 가치관 역시 양극화될 수 있다.

진심으로 교육 불평등을 줄이고자 한다면 소득 불평등과 같이 지난 수십 년 동안 심화되고 있는 **학교 밖** 불평등을 줄여야 한다. 학교 밖 불평등은 시장·세계화·기술 발전의 산물이라 우리가 어떻게 할 수 있는 문제가 아니라고 생각할 수도 있다. 이러한 이유로 불평등이 발생하게 되었다고는 해도, 불평등이 우리가 해결할 수 없는 문제는 아니다. 버클리의 캘리포니아주립

학교의 재발견

대학교 사회학자들은 미국 사회의 불평등이 정책적으로 "설계된" 결과라고 주장한다.[13] 우리 사회는 다른 식으로 결정을 내릴 수도 있었다. 다른 나라에서는 미국과 다른 결정을 했다. 그 결과 경제적 불평등은 우리보다 훨씬 덜 심각하고, 학생들의 학업 성취도는 더 높다.[14]

사회 전반적인 차원에서 보상의 분배 방식을 바꾸는 개혁이 필요하다. 이를 위해서는 근본적인 정책 변화가 필요하다. 학교를 개혁하는 것보다 훨씬 어려운 문제다. 학자들은 학교 밖 사회 불평등에 대해 우리가 할 수 있는 것이 별로 없으니 할 수 있는 학교 개혁에 집중하자는 말을 하곤 한다. 내가 이 책을 쓰는 이유가 여기에 있다. 나는 우리 사회에서 학교가 어떠한 역할을 하는지 제대로 이해해야 비로소 학교 밖에 존재하는 우리 사회의 불평등 문제를 해결할 수 있으리라 믿는다.

차례

1부

학교는 불평등의 주범이 아니다

(1)

우리가 놓치고 있는 '학교 밖' 87%

허버트 월버그의 터무니없는 주장

나는 연구실에서 《파이 델타 카판$^{Phi\ Delta\ Kappan}$》에 실린 허버트 월버그$^{Herbert\ Walberg}$의 1984년 논문을 읽다가 잘못된 구절을 접하고는 나도 모르게 "그럴 리가 없어!"라고 외치고 말았다. 문제의 구절은 이렇다. "우리는 초·중등학교 12년간 매년 하루 6시간씩 180일, 모두 합하면 1만 2,960시간을 학교에서 보내는데 이는 태어나서 18세까지 깨어 있는 시간의 약 13%에 해당한다."[1]

우리 아이들이 학교에서 얼마나 있다가 오는지 생각해 보았다. 나는 매일 두 아이를 직접 학교에 데려다주고 데리고 온다. 18세가 될 때까지 깨어 있는 시간의 단지 13%만 학교에서 보낼 리가 없다. 월버그가 틀렸을 거라 기대하며 계산기를 두들겼다. 우리 아이들은 유치원도 다녔기 때문에 12년이 아니라 13년을 학교에 다닌 셈이다. 그리고 하루에 6시간이 아니라 6.5시간을 학교에서 보냈다. 내가 대충 암산해 봐도 월버그의 계산은 벌써 틀렸다.

나의 아들 니컬러스에 대한 최종 수치가 나왔다. 흠…. 내 계산에 따르면, 니컬러스는 18세가 될 때까지 깨어 있는 시간의 15.9%를 학교에서 보내게 된다.[2] 유치원이 포함되어 학교 교육 기간이 추가되었고, 매일 학교에서 보내는 시간도 더 길어서 월버그의 계산보다는 약간 더 높게 나왔지만 결과는 본질적으로 다를 바 없었다. 아이들이 학교에 있는 시간은 우리 생각보다 **훨씬 짧다.**

학교 못지않게 중요한 가정과 거주지역 환경

내가 우리 아이들이 학교에서 보내는 시간이 생각보다 길지 않다는 사실을 말할 때마다 모두가 깜짝 놀란다. 그러나 학교가 불평등의 주범이라는 생각이 왜 틀린 것인지 이해하고 싶다면 월버그의 87%(아이들이 깨어 있는 시간 중 학교에서 보내지 않는 시간의 비율)를 기억할 필요가 있다. 아이들의 발달에 학교가 미치는 영향을 알고자 한다면, 아이들은 학교가 아니라 집이나 동네에서 대부분의 시간을 보낸다는 점을 잊지 말아야 한다. 어떤 아이들은(우리 집 아이들처럼) 윌버그의 계산보다 더 오래 학교에 있을 수도 있다. 그러나 그래봤자다. 기숙학교에 다니지 않는 한 아이들은 깨어 있는 시간의 대부분을 학교가 아닌 곳에서 보낸다.

아이들에게 영향을 미치는 막강한 경쟁 요인이 학교 밖에 있다. 우리가 학교의 역할을 제대로 이해하기 어렵게 만드는 요인들, 바로 가정환경과 거주지역이다. 이스트초등학교의 학생들이 다른 학교 학생들보다 국어 시험 점수가 높은 이유는 교사가 훌륭하기 때문일 수도 있지만, 아이들이 학교 밖에 있는 87%의 시간 동안 경험한 것 때문일 수도 있다. 플레젠트초등학교에서 국어 점수가 낮은 이유도 열심히 가르치지 않는 교사들 때문일 수 있지만 교사들이 최선을 다해 잘 가르치고 있는데도 불구하고 학교 밖에서 벌어지는 일 때문일 수 있다. 쉽게 알아내기 어려운 문제다.

학생들이 보여주는 학업 성취가 전부 학교 탓은 아니라는 정도의 느낌은 다들 가지고 있다. 학교에 들어올 때부터 인지능력이 뒤처지고 부모가 공부에 열성적이지 않은 가정에서 자란 아이들이 많은 학교는 그렇지 않은 다른 학교에 비해 더 어려운 과제를 안고 있는 셈이다. 하지만 그런 어려움이라는 게 학교의 역할을 이해하는 데 얼마나 중요한 문제인지 우리는 잘 모르고 있다. 우리는 불평등이 발생하는 시점과 학교의 중요성을 오해하고 있기 때문이다. 이미 유치원에 가기 전부터 부유한 아이들과 가난한 아이들 간 성취도 격차는 벌어져 있다. 아이들의 능력과 학습 성장 궤적은 초기 아동기에 형성되는데 우리는 그 사실을 간과하고 학교 탓을 한다. 생애 첫 3년이 중요하다는 뉴스가 끊임없이 회자되는데도 학교를 불평등의 주범이라고 오해한다니 놀라울 뿐이다.

또한, 우리는 학교의 중요성을 과대평가하고 있다. 학교가 아이들의 학습에 미치는 영향을 과대평가하고 있다는 말이 아니다(실제로 아이들은 학교에 다니지 않을 때보다 학교에 다니는 동안 훨씬 더 높은 학습률을 보여준다). 아이들의 학업성취도에서 드러나는 불평등에 학교가 미치는 영향력을 과대평가한다는 말이다. 학업성취도 격차를 세심하게 연구해 보면, 학교가 불평등의 주범이라는 생각이 바뀌게 된다(여기서 '세심하게'라는 건 학교 효과를 압도하는 막강한 경쟁 요인의 존재를 진지하게 다룬다는 의미다). 학교의 역할은 우리 생각보다 훨씬 제한적이다. 어떤 면에서는 학교가 불평등의 거친 모서리를 깎아내고 있기도 하다.

학교가 어떤 역할을 하는지 제대로 이해하기 위해서는 월버그의 말을 기억하자. 아이들은 깨어 있는 시간의 87%를 학교가 아니라 학교 밖에서 보낸다. 우리는 아이들이 학교에서 단지

13%의 시간만 보낸다는 사실을 깜빡하고 학교를 오해하고 있다. 아이들이 대부분의 시간을 학교 밖에서 보낸다는 사실은 중요하다. 학교마다 학생들의 구성이 엄청나게 다르다면, 서로 다른 학생들을 단지 '통계적으로 통제'하는 방식만으로는 학교의 역할을 확인하기 매우 어렵기 때문이다. 가정, 거주지역과 같은 학교 밖의 막강한 교란 요인이 '뿅' 하고 사라지지 않는 한 통계적 통제로 이 문제를 간단히 해결할 수 없다.

학업성취도 격차, 닭이냐 달걀이냐

학업성취도 격차는 언제 발생할까?

2010년 봄, 노벨 경제학상을 받은 시카고대학교 제임스 헤크먼[James Heckman] 교수가 작성한 도표를 보다가 내 연구에 문제가 있음을 알아챘다. 그 도표는 대학 교육을 받은 엄마를 둔 아동과 고졸 미만의 엄마를 둔 아동의 학업성취도 차이를 비교한 것이었는데 이미 세 살 때 국어와 수학 성취도에서 상당한 격차가 발견되었고, 이후 18세까지는 아주 약간(약 10% 수준)만 더 벌어진다는 사실을 보여주었다. 학교가 어떤 역할을 하기도 전에 성취도 격차의 상당 부분이 발생한다는 지적은 놀라웠다. 내 전공인 교육사회학의 연구 대부분이 학교가 어떻게 불평등을 재생산하거나 강화하는지를 보여주는 것에 초점을 맞추고 있기에 이러한 결과는 논란거리였다. 학업성취도 격차의 대부분이 취학 전에 형성되고 취학 후에는 더 벌어지지 않는다면, 그간 우리가 그래왔듯이 학교를 성취도 격차의 장본인으로 지목하기는 어려워 보였다.

아무리 노벨상을 받은 사람이 분석한 결과라도 도표 하나만으로 사실이라 믿을 수는 없다. 내 생각의 근간을 흔드는 연구 결과를 마주할 때마다 나는 그 결과를 정말 믿어도 되는지 확인하고 싶어진다. 이후 며칠을 헤크먼의 그래프를 재현하며 보냈다. 나는 당장 쓸 수 있는 자료 중에서 전국적 대표성이 있고 초기 아동기 분석에 적합한 「초기 아동기 종단 연구 - 1998년 유치원 코호트(ECLS-K: 1998)」 자료를 이용해 헤크먼의 방식으로 분석해 보았다.

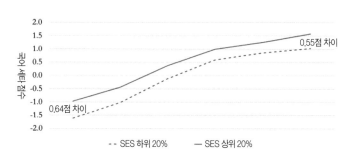

〈그림 2.1〉 사회경제적 지위에 따른 아이들의 국어 성취도 격차는 유치원부터 8학년 사이에 줄어든다.(자료: 「ECLS-K: 1998」)

〈그림 2.1〉은 사회경제적 지위^{socioeconomic status, SES}(가구소득, 부모 학력, 부모의 직업 지위를 합쳐 만든 지표) 상위 20%와 하위 20% 아이들 간 국어 성취도 격차를 보여준다. 가장 먼저 눈에 들어오는 결과는 사회경제적 지위가 높은 가정의 아이들이 사회경제적 지위가 낮은 가정의 아이들보다 모든 학년에서 더 높은 성적을 보여준다는 점이다(놀라운 결과는 아니다). 8학년 때 사회경제적 지위가 높은 가정의 아이들은 낮은 가정의 아이들에 비해 0.55점 앞서 있다. 이 차이는 ECLS-K 자료에 사용된 척도로 따지면 거의 한 학년 학습량에 해당한다. 하지만 이렇게나 큰 격차는 유치원 입학 시점에 이미 존재하고 있었고(0.64점), 이후 학교에 다니는 동안 전혀 확대되지 않았다. 오히려 꽤 줄어들었다![1] 이런 저런 방법론적 문제를 해결하고 나니, ECLS-K 자료도 헤크먼과 같은 결과를 보여주었다. 부유한 아이들과 가난한 아이들 간의 8학년 때 국어 성취도 격차는 전부 유치원에 들어오기 전에 발생했으며 이후 8학년까지는 오히려 줄어드는 양상을 보여주었다. 수학 성취도로 분석해도 같은 결과가 나타났다.

학교가 성취도 격차에 어떻게 영향을 미치는지에 대해 진지하게 고민해 본 사람이라면 〈그림 2.1〉을 면밀히 살펴보며 이런 의문을 가졌을지 모르겠다. 헤크먼이 분석한 자료와 ECLS-K 자료에서만 나타난 결과는 아닐까? 다른 자료로 분석하면 저

학교의 재발견

런 결과가 나오지 않을 것 같은데? 아니다. 스탠퍼드대학교 교육학자 션 리어던Sean Reardon은 가용한 모든 종단 자료로 가구소득에 따른 학생들의 학업성취도 격차를 분석했다. 학교에 다니는 동안 학생들의 성취도 격차는 거의 변화가 없었다. 리어던이 분석한 자료는 「ECLS-K 1998」(국어·수학), 유망주Prospects(국어·수학), 초기 아동 보육 및 청소년 발달 연구Study of Early Child Care and Youth Development(국어·수학), 미국 청소년 종단 연구Longitudinal Study of American Youth(국어·수학), 전국 교육 종단 연구National Education Longitudinal Study(국어·수학), 고등학교와 그 이후High School and Beyond(국어·수학), 교육 종단 연구Education Longitudinal Study(수학) 등을 포함한다.[2] 학교 교육을 받는 기간 동안 잘사는 집 아이들과 가난한 집 아이들 사이에 평행하게 유지되는 격차 양상이 모든 자료에서 일관되게 재현되는 것은 아니지만 학교에 다니는 기간에 성취도 격차가 거의 확대되지 않는다는 결과는 확연하게 드러났다.

불평등이라는 개념을 학업성취도 격차로 살펴보는 것도 중요하지만, 더 포괄적으로 이해할 수 있는 방법이 있다. 아이들 간 서로 다른 능력이 학교에 다니는 동안 어떻게 변하는지 살펴보는 것이다. 이렇게 생각해 보자. 다섯 살부터 여덟 살까지 피아노 레슨을 받은 아이들이 있다. 이 아이들 사이의 불평등을 확인하는 두 가지 방법이 있다. 먼저, 잘사는 아이들과 가난한 아이들 간 실력 차이가 시간이 지남에 따라 어떻게 달라지는지 볼 수 있다(성취도 격차 접근). 또는 아이들의 실력에서 나타나는 전반적인 변이가 5세에서 8세 사이에 어떻게 달라지는지로 측정해 볼 수 있다(전반적 변이 접근). 두 방법 모두 불평등의 양상을 살펴보기에 의미가 있으나 불평등이 어떻게 변화하는지에 관심이 있다면 전반적 변이로 접근하는 방법이 더 온전한 시각을 제공한다.

그렇다면 수학 및 국어 성취도에서 드러나는 학생들 간 **전반적인** 변이를 살펴보자. 아이들은 이미 유치원에 들어갈 때 상당한 능력 차이를 보여준다. 여기서 중요한 질문은 능력에서 발견되는 변이가 학교 교육이 시작된 이후에 어떻게 달라지는지에 대한 것이다. 더 커질까? 변하지 않고 유지될까? 아니면 줄

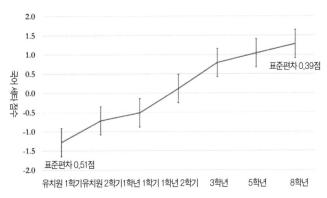

〈**그림 2.2**〉 국어 성취도에서의 변이가 유치원과 8학년 사이에 줄어들었다. 「ECLS-K:1998」.

　　　　　　　　　　　　　　　학교의 재발견

어들까? 〈그림 2.2〉는 시간이 지남에 따라 아이들의 국어 성취도 수준은 향상되지만, 표준편차(점수가 얼마나 퍼져 있는지로 살펴보는 측정치)로 측정한 국어 성취도의 **변이**는 오히려 줄어들고 있는 양상을 보여준다.

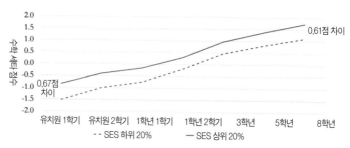

〈**그림 2.3**〉 사회경제적 지위에 따른 수학의 능력 격차가 유치원부터 8학년 사이에 줄어들었다. 『ECLS-K:1998』

유치원에 들어갈 때는 표준편차가 0.51이었는데, 8학년에 이르면 0.39로 줄어든다. 아이들의 국어 성취도가 시간이 지남에 따라 점점 더 비슷해졌다는 의미다. 수학에서는 국어 성취도만큼 표준편차가 크게 줄어들지 않았지만 기본적으로 같은 결과가 나타난다. 유치원에 들어간 시점에서는 표준편차가 0.47이었는데 8학년 때는 0.45로 작아졌다(〈그림 2.3〉).[3]

〈그림 2.1〉~〈그림 2.4〉에서 확인할 수 있듯, 성취도 격차로 보나 전체적 변이로 보나 불평등은 유치원에 들어가기도 전에

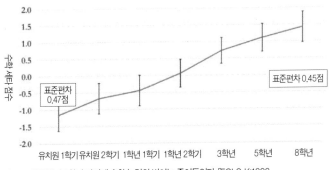

〈그림 2.4〉 유치원과 8학년 사이에 수학 능력의 변이는 줄어들었다. 「ECLS-K:1998」

벌써 형성되었다. 그런데 학교가 어떻게 불평등이 원인이 될 수 있다는 말인가? 학교가 불평등의 주범이라는 주장에 의문이 들 수밖에 없다. 물론 학교는 다른 방식으로 불평등을 유발하고, 이런 도표들만으로는 학교 내에서 발생하는 불평등을 제대로 포착하지 못할 가능성이 있다. 그러나 그럴 가능성은 별로 크지 않다. 그 이유는 3장에서 자세히 다루도록 하겠다.

　학교가 불평등의 원인이라 여기는 주류 담론이 틀렸음을 알려주는 중요한 결과가 하나 더 있다. 유치원에 들어가는 시점에 형성되는 성취도 격차의 궤적이 학교 교육이 시작된 이후에는 달라진다는 사실이다. 〈그림 2.5〉를 보자. 부유한 아이들과 가난한 아이들 간 성취도 격차는 유치원이 시작하기 이전에 빠르게 확대된다. 그러나 학교 교육이 시작된 이후에는 격차가 더 이상 커지지 않는다. 아이들이 10대가 되었을 때 실제로 관찰한

　　　　　　　　　　　　　　　학교의 재발견

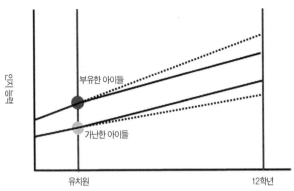

부유한 아이들

인지 능력

가난한 아이들

유치원   12학년

〈그림 2.5〉 SES에 따른 인지 능력 격차는 유치원에 들어가기 이전인 초기 아동기에는 점점 벌어지는 양상이지만 학교에 들어간 이후부터는 거의 확대되지 않는다(실선). 초기 아동기에서의 추세가 지속되었다면(점선), 12학년에서 관찰된 격차는 실제보다 훨씬 크게 나타나야 한다.

격차와 초기 아동기 궤적을 그대로 따른다고 가정할 때 예상되는 격차(〈그림 2.5〉의 점선)에는 상당한 차이가 있다. 이러한 결과는 학교가 불평등을 유발하기는커녕 줄여준다는 점을 시사한다.

비틀린 척도가 오해를 낳는다

학교가 불평등의 주범이 아니라니! 모든 교육학자는 옥상으로 뛰어 올라가 학교에 대한 오해를 풀라며 동네방네 소리쳐야 마땅할 것 같다. 하지만 그런 일은 일어나지 않는다. 학계에서는 학업성취도 격차가 학교에 다니는 동안 확대된다고 합의하고 있기 때문이다. 널리 알려진 볼티모어 연구Beginning School Study in Baltimore를 예로 들어보면, 빈곤층 아이들과 그렇지 않은 아이들

간 국어 성취도 격차는 1학년에서 8학년 사이에 9배 증가했다. 〈그림 2.1〉이 보여주는 것과는 완전히 다른 결과다. 이런 연구 결과에 기반하여 연구자들은 학교를 바꿔야 불평등을 줄일 수 있다고 믿게 되었다.

그러나 볼티모어 연구 결과는 틀렸다. 아이들의 점수를 측정하는 방식이 틀렸기 때문에 잘못된 결과가 나온 것이다. 아이들의 학업 능력을 측정하는 방법은 볼티모어 자료가 수집된 1980년대 이후에 개선되었다. 특히 아이들이 성장함에 따라 변화하는 능력을 제대로 측정해 내는 방법이 개발되었다. 쉽게 이해하기 위해 간격이 균등하지 않은 조악한 줄자를 떠올려 보자. 1미터 이하에서는 간격이 1센티미터보다 크게, 1미터를 넘어가면 간격이 1센티미터보다 작게 표시된 줄자다. 이 줄자로 두 아이의 키를 잰다면, 아이들이 어려 키가 1미터보다 작을 때에는 키 차이가 과소 측정될 것이다. 그러나 아이들이 자라서 키가 1미터보다 커진 후에는 오히려 키 차이가 과대 측정된다. 이런 이상한 줄자로는 두 아이가 자라면서 키 차이가 어떻게 변하는지 알아내기 어렵다.

이게 바로 볼티모어 연구 결과를 믿을 수 없는 이유다. 볼티모어 연구자들이 사용한 서스턴[Thurston] 척도는 잘못된 줄자인 것으로 드러났다. 학교 교육이 시작되는 초반에는 성취도 격차를 과소 측정하고 학년이 올라갈수록 과대 측정하는 척도였다.[4] 틀린 연구 결과가 퍼지는 동안 측정평가를 연구하는 학자들은 문항반응이론Item-response theory, IRT에 기반하여 간격이 동일한 척도를 만들었다. 계단을 하나씩 오르는 것처럼 각 단위가 같은 수준으로 증가하도록 구간 척도를 구성한 측정 방식이다. 이 방법을 이용하면 초기의 단위 증가와 그 이후 단위 증가의 크기가 다르지 않은 척도를 만들 수 있다. 〈그림 2.1〉~〈그림 2.4〉에 나온 격차는 IRT를 적용한 척도로 분석한 결과다. IRT 척도가 제대로 측정하는지 확신할 수는 없지만, 과거에 사용하던 척도에 비해서는 훨씬 정확하다. 따라서 학년이 올라가면서 아이들의 성취도 격차가 어떻게 변하는지에 대해 더욱 엄밀하게 분석할 수 있게 되었다.[5]

어쩌면 척도를 개선하는 게 그저 소소한 기술적 문제로 보일지 모르겠다. 그러나 제대로 된 척도여야 가정 배경에 따른 인지 능력 격차가 이미 초기 아동기에 상당 부분 발생하고, 학교에 들어가고 학년이 올라가더라도 그 격차가 별로 변하지 않는다는 결과를 발견할 수 있다. 이게 바로 헤크먼과 리어던, 내가 찾아낸 패턴이다. 이러한 결과는 성취도 격차를 어떻게 줄일 수 있는지에 대해 엄청난 함의를 주기 때문에 교육 연구자들에게 측정 척도는 너무나도 중요한 문제다. 우리 관심의 방향은 학교보다는 취학 전 초기 아동기를 향해야 한다.

초기 아동기가 중요한 이유

이제 불평등은 대부분 초기 아동기에 발생한다는 것도 알았고, 아동의 인지 능력을 측정하는 더 나은 척도도 이용할 수 있다. 그렇다면 초기 아동기의 어떤 조건이 그토록 큰 불평등을 만들어 내는 것일까? 누군가는 유전자가 달라서 차이가 나는 것이라 답할지 모르겠다. 타고나길 다른 아이들보다 좀 더, 혹은 덜 똑똑한 아이가 있다. 나는 유전에 따른 인지 능력 차이가 유의미하게 존재한다는 견해에 딱히 반대하지는 않지만, 환경이 강력한 역할을 한다는 점에 주목하고자 한다.

두 가지 사실로 확인해 보겠다. 첫 번째로, 학업성취도로 포착하는 능력에 대한 차이는 시간과 장소에 따라 다르게 나타나는데 이는 유전에 기반한 주장만으로는 설명될 수 없다. 예를 들어, 리어던은 미국에서 가구소득 상위 10%의 아동과 하위 10%의 아동 간 국어 성취도 격차가 1970년대에 비해 1990년대 중반에는 40% 증가한 것을 발견했다.[6] 단지 20년 만에 인류의 유전적 변화가 인지 능력의 불평등을 키웠을 가능성은 거의 없다.

둘째, 학교 교육이 시작되는 시점에 발견되는 아이들의 인지 능력 격차는 국가마다 다르게 나타난다는 점이다. 일례로 유치원 교육이 시작되는 시점에 캐나다 아이들은 미국 아이들보다 국어 성취도가 수개월 앞서 있다.[7] 여러분이 캐나다 사람이 아닌 다음에야 캐나다 아이들이 미국 아이들보다 유전적으로 더 우월해서 그런 것이라 우길 수는 없을 것이다. 캐나다 아이들이 누리는 환경 조건이 인지 능력 발달을 더욱 효과적으로 돕고 있다고 보는 게 합리적인 설명이다. 아이들이 누리는 교육적 환경은 캐나다 사람들이 미국과는 다른 사회정책적 선택을 한 결과일 것이다. 여기서 하나 짚고 넘어갈 점은 높은 성취도를 보여준 아이들 간에는 미국이나 캐나다나 차이가 없다. 성적 분포의 아래쪽에 있는 아이들 사이에서 캐나다 아이들이 미국 아이들보다 앞서 있다.

그렇다면 초기 아동기에 환경은 어떻게 아이들의 발달에 영향을 미칠까? 본격적으로 알아보기 전에 슬픈 소식을 하나 전한다. 생애 초반의 경험은 나중에 되돌리기가 어렵다. 초기 아동기에 스트레스에 노출되면 뇌에 물리적 변화가 야기되고 이는 남은 생애 내내 영향을 미친다. 어떻게 그럴 수 있는지 스탠퍼드대학교 신경내분비학자 로버트 소폴스키Robert Sopolsky의 설명을 들어보자.

아이가 먹을 것이 부족하다거나 이사를 자주 한다든가 가족 구성원이 달라지는 등 불안정한 가정에서 자라는 경우 뇌가 다르게 성장한다. 환경이 주는 스트레스로 인해 뇌의 편도체는 비대해지고 전두엽 피질은 축소된다. 편도체는 파충류의 뇌에도 존재하는 부위로, 원초적 감정을 다루는 곳이다. 편도체가 크고 활동적일수록 두려움과 분노를 자주 느끼는 성향을 보이게 된다. 전두엽 피질은 정보를 평가하고 다른 사람에게 공감하며 자기 조절 능력을 관장하는 영역이다.[8] 2015년의 한 연구에 따르면 빈곤에 노출된 아이들은 회백질이 8~10% 덜 발달하고, 표준화된 테스트에서 4~7점 낮은 점수를 받았다. 빈곤을 경험하지 않은 다른 아이들과의 성취도 격차 중 약 20%는 전두엽과 측두엽의 발달 지연으로 설명할 수 있다.[9]

게다가 스트레스를 받게 되면 우리 몸은 글루코코르티코이드glucocorticoid를 생성한다. 글루코코르티코이드는 포식자로부터 도망갈 때 아드레날린이 필요한 것과 비슷하게, 필요할 때 각성을 도와주는 호르몬이다. 필요한 순간에 몸이 각성할 수 있는 호르몬이 분비되는 것은 좋다. 그러나 포식자가 사라졌는데도 높은 수준의 글루코코르티코이드를 계속 분비하면 문제가 된다. 잦은 스트레스를 경험하는 가정의 아이들은 필요하지 않을 때도 글루코코르티코이드가 지속적으로 분비되는 경향이 있다. 뇌에 글루코코르티코이드가 넘쳐나면 아이는 차분하게 앉아 공부에 집중하거나 다른 사람에게 공감하는 것을 어려워하게 된다.

　초기 아동기에 스트레스 때문에 신체적 변화를 겪은 아이들은 성공적인 학교생활을 해내지 못하는 결과를 보여준다. 아이가 학교에서 잘해보려는 의지가 아무리 강하더라도 편도체는 비대해지고, 전두엽 피질은 다 자라지도 못했고, 글루코코르티코이드가 과다하게 분비되면 어려움을 겪을 수밖에 없다.[10] 안타깝게도 초기 아동기에 환경적 스트레스를 심하게 경험한 아이는 평생에 걸친 불리함을 겪게 된다. 국립연구위원회의 보고서 「신경에서 거주지역 환경으로Neurons to Neighborhoods」에도 같은 내용이 나온다.[11] 어린 시절의 불우한 환경 조건은 뇌를 물리적으로 바꾸는 후천적 효과가 있다는 것이다. 불우한 어린 시절이 가져오는 결과는 너무 혹독하다. 시카고의 흑인 아이들을 연구한 결과를 살펴보면 극심한 빈곤 지역에 사는 아이들은 학교를 1년 가지 않은 것만큼의 인지 능력 결손을 겪는 것으로 나타났다.[12]

　가난한 집에서 태어나 어려운 환경을 극복하고 높은 학업 성취도를 보여주는 아이들이 존재한다는 사실만으로 초기 아동기 환경의 중요성을 보여주는 결과를 뒤집을 수 없다. 스트레스가 심한 가정에서 자랐지만 이상적인 가정환경에서 자란 아이들보다 학교에서 월등한 성적을 거두는 아이들도 분명히 있다. 그러나 그런 예외는 앞서 설명한 바와 모순되기보다는 오히려 그런 경우가 얼마나 드문지를 더 잘 드러낼 뿐이다. 누가 알겠는가, 공부 잘하는 가난한 집 아이가 초기 아동기에 스트레스를 경험하지 않았더라면 지금보다 훨씬 더 잘했을지.

상대적 박탈감도 중요하다

좋은 어린 시절을 보냈다는 말을 들으면 우리는 물질적으로 풍요로운 생활을 누린 것으로 생각한다. 그러나 풍족한 가정에서도 사회에서의 **상대적 지위**에 따른 결과로 스트레스를 받는다. 우리는 위계적 지배 관계에 영향을 받는 사회적 동물이기 때문이다. 위계의 바닥에 있는 것은 괴로운 일이다.

개코원숭이들도 집단 내 바닥에 있는 경우 스트레스 호르몬인 글루코코르티코이드의 과다분비를 겪는다. 사회적 위계가 낮은 개코원숭이들은 스트레스를 받는 상황에서 글루코코르티코이드 반응이 느리다. 즉 반응 체계가 필요한 만큼 빠르게 작동하지 못하고, 스트레스 상황이 끝난 후에야 높은 수준을 유지하게 된다. 낮은 지위의 개코원숭이에게 문제는 글루코코르티코이드가 필요한 상황에서는 분비되지 않다가 필요가 없어진 상황에서 분비된다는 것이다. 일상에서 너무 많은 글루코코르티코이드가 분비되는 신체는 면역력이 떨어지고, 고혈압이나 '좋은' 콜레스테롤 수준이 저하되어 잦은 병치레를 하게 된다.[13]

물론, 이건 개코원숭이 이야기고 우리 관심사는 사람이다. 하지만 사람에게서도 비슷한 현상을 찾아볼 수 있다. 건강과 사회경제적 지위의 강한 상관관계는 잘 알려져 있다. 흥미롭게도 교육, 소득, 직업 지위 등의 객관적인 지표만이 아니라, 예를 들어 "당신은 사회경제적으로 하층, 중층, 상층 중 어디 속한다고 생각하십니까?" 같은 질문 등의 주관적인 지표로도 건강 상태를 예측할 수 있다. 마찬가지로 소득 불평등이 큰 지역에서는 개별 가정의 소득수준과 관계없이 건강 격차가 더 크게 나타난다. 빈곤 자체가 문제가 아니라 내가 빈곤하다고 **느끼는** 것이 문제가 된다.[14] 두 살배기 아이가 사회계층 내에서 본인의 위치를 아는 것은 아니다. 그러나 부모는 알고 있다. 내 자녀의 사회적 지위가 낮다는 것을 인식할수록 부모의 스트레스는 가중된다.

지위재로서 중요한 것도 있다. 고등학교 졸업장은 시장에서 요구하는 기술을 습득했다는 징표다. 하지만 그게 졸업장의 유일한 가치는 아니다. 졸업장은 졸업장이 없는 사람들에 비해 취업 시장에서 **상대적으로 유리한 위치**에 서게 해준다는 가치가 있다. 그런데 누구나 다 고등학교 졸업장을 가진 상황이라면? 경쟁은 대학교로 옮겨 간다. 이렇게 위계 구조에서의 **상대적 지위**가 중요하다. 빈곤층이 과거에 비해 물질적으로 더 나은 조건에 있더라도, 계층 위계의 밑바닥에서 올라갈 희망이 없다면 빈곤층 가족들이 견뎌내야 할 정신적 괴로움은 여전할 것이다.

미국 사회는 다른 사회에 비해 '어떤 지위의 부모에게 태어나는지'라는 출발 지점과 '본인이 도달하게 되는 지위'인 도착 지점의 상관관계가 큰 편이다. 부모 지위는 자녀가 도달하게 되는 지위에 상당한 영향력을 미친다. 예를 들어 아버지와 아들의 소득수준 간 상관관계를 계산해 그 사회에서 자녀가 부모 지위 이상으로 올라가기가 얼마나 쉬운지 평가해 보자. 제대로 알아보려면 남성에 한정하면 안 되겠지만, 많은 나라에서 가용한 자료에 남성 정보만 있어 일단 아버지와 아들의 관계에서 살펴보겠다. 먼저 아버지 기준 연령을 정하고(가령 40세) 아버지가 동년배 중 소득을 기준으로 어떤 상대적 위치에 있는지 살펴보자. 그리고 아들이 아버지의 나이가 될 때까지 기다려 아들의 상대적 소득도 관측하자. 이렇게 부자간 소득 상관관계를 통해 부자간 지위 관계를 알 수 있다. 상관관계는 -1.0에서 1.0 사이의 값을 가질 수 있고, 양(+)의 값이면 부자의 소득이 같은 방향으로 움직이는 관계에 있다는 의미다. 상관관계가 1.0이라면 모든 자녀는 부모와 똑같은 상대적 위치라고 해석할 수 있다. 다시 말해, 부유한 부모의 자녀는 높은 소득을, 가난한 부모의 자녀는 낮은 소득을 갖게 되었다는 의미다. 상관관계가 0이라면 자녀의 도달 지위가 부모 지위와 아무런 상관이 없는 것이다. 상관관계가 음(-)의 값이라면 아버지가 가난할수록 아들이 가난할 가능성은 도리어 낮아진다는 것인데, 이런 가능성은 미국만 아니라 그 어느 나라에서도 존재하지 않는다. 따라서 부모와 자식의 상관관계는 항상 양수다. 문제는 그러한 양의 상관관계가 얼마나 강하냐는 것이다. 미국에서 부자간 소득 상관관계는 0.46으로 상당히 높다. 반면, 덴마크에서는 0.16에 불과하다.[16] 여러분이 가난한 아버지를 두었지만 아메리칸드림을 꿈꾸고 있다면 그 꿈은 미국이 아닌 덴마크에서 이뤄질 가능성이 더 큰 셈이다.

유치원에 들어가기 전에 결정된다

성취도 격차의 원인을 이해하기 위해서는 그 격차가 언제 발생하는지 알아야 한다. 그래야 성취도 격차를 줄이기 위한 정책 방향을 결정할 수 있다. 학교로 인해 학업성취도 격차가 유발된다면 아이들이 학교에 들어간 후 발견되는 격차는 계속해서 더 벌어지는 양상일 것이다. 그러나 현실은 그렇지 않다. 국어와 수학 성취도에서 나타나는 사회경제적 지위나 인종에 따른 격차는 아이들이 유치원에 들어가기도 전에 이미 존재한다. 생애 초반에 평생 짊어지고 갈 불평등이 결정된다고 하는 건 비약이지만, 초기 아동기가 지난 이후에 교육 불평등 문제를 해결하려면 훨씬 어려운 일이긴 하다.

초기 아동기가 아동 발달에 중요하다는 사실은 학자들 사이에 알려져 있었지만, 이 시기가 어떻게 불평등의 기반이 되는지는 알려진 바가 없다. 초기 아동기는 우리가 상상하는 것보다 장기적 차원의 불평등을 형성하는 중요한 시기다. 이 장에서 잊지 말아야 할 내용은 학교에 다니는 청소년 사이에 발견되는 학업성취도 격차는 대부분 유치원에 들어가기 전에 형성된다는 점이다. 그럼, 학교는 대체 어떠한 역할을 하는 기관인지에 대한 질문이 이어질 수밖에 없다. 이 질문에 대한 답은 다음 장에서 다루도록 하겠다. 대부분 놀랄 이야기일 것이다.

학교의 재발견

학교에 대해 미처 몰랐던 사실, 하나

학업성취도 격차의 대부분이 취학 전에 형성된다는 사실 말고도 학교가 많은 이들이 생각하는 만큼 불평등에 책임이 있는 것은 아니라고 믿을 이유가 또 있다. 아이들이 해마다 학교에 다니는 9개월 동안 성취도 격차가 오히려 안정적으로 유지된다는 사실이다. 사회경제적 지위에 따른 학업성취도 격차는 여름방학 기간보다 학기 중에 더 천천히 벌어진다. 이러한 결과는 대부분의 사회과학자들이 자료를 수집하기 전에 예측했던 패턴과 다르다. 학교가 불평등을 강화시킨다면 불평등은 아이들이 학교에 다니는 학기 중에 더 빠르게 확대되어야 한다. 그러나 학기 중에 성취도 격차에는 차이가 없거나, 오히려 방학 중에 더 빠르게 증가했다.

그것이 사실이라면 왜 이제야 알려진 것일까? 학업성취도를 파악할 수 있는 자료들이 대부분 아이들이 학교에 다니는 기간(9개월간)에 무슨 일이 일어났고, 학교에 나오지 않는 기간(여름 방학)에는 무슨 일이 일어났는지 비교할 수 있도록 설계되지 않았기 때문이다. 대부분의 자료는 어느 시점에 일회성으로 수집하고 말거나, 종단 자료라 해도 1년에 한 번 수집하는 게 보통이다. 학기 초와 학기 말에 두 번씩 수집하는 자료는 매우 드물다. 그러다 보니 연구자들이 가용한 자료로 학교의 중요성을 이해하기가 쉽지 않았다.

그렇다면 중요한 질문이 남는다. 어떤 연구를 믿어야 할까? 한쪽에는 흔히 사용하는 자료로 학교가 불평등을 강화시킨다고 주장하는 연구가 잔뜩 있다. 학급당 학생 수는 많고, 초짜 교사들이 어설픈 교육과정으로 가르치는, 가난한 아이들이 주로 다니는 학교의 특성이 아이들의 낮은 시험 점수와 상관을 맺고 있다는 것을 근거로 보여준다. 다른 한쪽에는 계절 비교 방법을 적용해 학교가 보완적인 역할을 한다고 주장하는 연구가 있다. 내 생각에는 수적으로는 소수파이긴 하지만 학교의 역할을 더 정확하게 평가하는 건 계절 비교 연구다. 왜 그렇게 생각하느냐고? 학교에 대한 놀라운 사실을 들으면 여러분도 나처럼 생각하게 될 것이다.

누가 더 뛰어난 축구 코치일까?

2003년 어느 봄날이었다. 내가 코치를 맡고 아들 니컬러스가
뛰는 축구 경기가 막 끝났다. 9 대 0으로 졌다. 상대 팀 선수들
이 우리 팀 골대를 향해 연거푸 슛을 날리는 동안 오후가 다 지
났다. 경기 후 주차장으로 가면서 다른 아빠를 만나 우리 팀이
어떻게 박살났는지 설명했다. 그는 웃으며 말했다. "코치가 문
제네요." 그 양반도 누가 경기를 뛰었는지 다 알고 있었다. 우리
는 한바탕 같이 웃었다. 각 팀에 누가 있었는지 아는 이상 우리
가 상태 팀을 이기기 어렵다는 건 자명했기 때문이다.

상대 팀은 우리 팀 정도는 손쉽게 이길 조건을 갖추고 있었
다. 우선, 리그의 모든 팀에는 유치원생과 1학년이 섞여 있었지
만, 우리 팀은 유치원생이 대부분이었다(14명 중에서 12명). 상대
팀은 전부 1학년이었다. 고작 한두 살 차이 나는 게 뭐가 그리
대수냐 생각할지 모르지만, 그 나이 때 1년은 전 생애의 20%나
되는 상당한 기간이다. 또한, 덩치와 속도에서 리그 내 모든 선
수를 압도하는 쌍둥이 형제가 상대 팀에 있었다. 둘이 거의 모
든 골을 넣었다. 이런 상황에서 우리 팀이 진 이유가 코치인 나
에게 있다고 할 수 있을까? 쌍둥이 형제만 우리 팀이었어도 우

리가 이기지 않았을까? 상대 팀 코치가 나보다 뛰어나기 때문에 이긴 거라 확언하기는 곤란하다. 비록 우리가 9 대 0으로 졌지만 양 팀의 선수 구성이 너무 달랐다.

어느 코치가 더 뛰어난지를 평가하려면 시즌 초반부터 상대 팀 코치와 내가 서로의 팀을 바꾸어 맡아본 결과가 있으면 된다. 실제로 그럴 일은 없지만 그런 상황을 상상해 보자. 나와 상대 팀 코치가 서로 팀을 바꿔 경기했고, 이번에도 내가 맡은 팀(원래 상대 팀)이 5 대 0으로 이겼다. 이제 상대 팀 코치가 나보다 뛰어난 코치라고 할 수 있겠다. 같은 팀을 상대로 그 코치는 9 대 0으로, 나는 5 대 0으로 이겼으니 말이다. 어린아이들의 경기에서 단순히 득점 수로만 좋은 코치인지 여부를 평가할 수는 없겠지만 논의를 단순하게 진행하기 위해 점수를 많이 낼수록 좋은 코치라고 해보자. 이렇게 실제와 반대 상황에서 어떤 일이 일어났는지 알아보는 것을 사회과학자들은 '반사실적counterfactual' 접근이라 부른다.

우리는 반사실적 결과를 절대 알 수는 없다. 가설적으로 사실과 반대로 일어날 일을 생각해 볼 수만 있을 뿐이다. 그래서 사회과학자들은 이런 종류의 문제를 풀기 위한 도구를 개발했다. '사과는 사과랑' 비교할 수 있도록 서로 다른 두 집단을 통계적으로 동일하게 만드는 것이다. 사회과학자들이 뭔가를 '통제한다'는 건 이런 작업을 가리킨다.

예를 들어, 학력 효과만을 알고 싶을 때 두 집단 간 소득 차이는 통제해서 학력이 어떠한 영향을 미치는지 파악한다. 소득은 같고 학력은 다른 사람들을 표본에서 찾아 그 사람들 사이에 결과물이 다르게 나타나는지 살펴보는 방식이다. 이러한 전략은 세상이 어떻게 돌아가는지 이해하는 데 도움이 된다. 누가 더 코칭을 잘하는지 알고 싶은데 각 팀의 선수들이 너무나 다르다. 사과와 사과를 비교해야 하는데 사과와 오렌지를 비교하면 공평한 비교가 아니다. 그럴 때 두 팀 선수를 통계적으로 조정해서 같은 조건으로 맞춘 다음에 코칭 실력을 비교하는 것이다.

오렌지를 통계적으로 조정해서 사과인 척하고 비교한다니 찜찜할 수 있다. 이러한 접근의 한계를 사회과학자들도 분명히 알고 있지만, 조건이 다른 상황에서 공정하게 비교하려 할 때 쓸 수 있는 유일한 도구라 어쩔 수 없이 자주 사용하고 있다.

이렇게 불완전한 도구를 축구 코치 문제에 적용해 보자. 일단 두 팀의 선수 구성을 똑같이 만들 필요가 있다. 이를 위해서는 경기력에 영향을 미치는 선수들의 모든 속성을 측정해야 한다. 연구자들은 두 팀을 분석해 상대 팀 선수들이 나이도 더 많고, 경험도 더 풍부하고, 스피드도 더 좋다는 점을 알아차렸다고 해보자. 그러고 난 뒤, 사회과학자들은 두 팀을 속성에 따라

'통계적으로 동일하게' 만들고, 모든 조건이 동일하다는 가정 아래 결과(경기 점수)를 새롭게 예측한다. 두 팀 선수들의 차이를 전부 측정하고 봉계적으로 조정한 후, 우리 팀이 7 대 0으로 질 거라고 예측했다. 사회과학자들의 예측 결과를 실제 결과(9 대 0으로 졌음)와 비교해 보자. 이제, 이런 결론을 내릴 수 있다. 상대 팀 코치가 운 좋게 기량이 뛰어난 선수를 데리고 경기하긴 했지만, 나보다 더 뛰어난 코치가 확실하다. 통계적으로 두 팀이 동일하다고 가정하고 예측한 결과보다 더 큰 점수 차이로 이겼기 때문이다.

사회과학자들은 이러한 분석 전략을 흔하게 사용한다. 하지만 나는 두 팀을 통계적으로 통제하는 방식에 불만이 있다. 사회과학자들은 축구 선수에게 중요한 자질이라고 생각하는 특성을 **몇 가지**(예를 들어, 나이, 축구 경험, 스피드) 골라냈다. 이렇게 하면 통계적 조정이 제대로 된 거라 할 수 있을까? 통계적으로 두 집단이 동일하다고 가정하기 위해서는 두 가지 조건이 필요하다. 첫째, 경기 결과에 영향을 미칠 수 있는 특성을 몇 가지만이 아니라 **모두** 파악해야 한다. 아이들의 스피드가 중요하긴 하지만, 공을 원하는 대로 다루면서 잽싸게 방향을 바꿀 수 있는 능력이 더 중요하다면 어떻게 할 것인가? 아니, 그런 신체적 조건보다도 승부 근성이 더 중요하다면? (우리 팀이 3 대 0으로 지기 시작

학교의 재발견

하자 우리 팀의 한 아이는 그만하고 싶다며 나와버렸다. 결국 그 아이는 사이드라인에서 의자에 앉아 빨대 컵을 쪽쪽 빨며 남은 경기를 관람했다.) 사회과학자들이 승부에 결정적인 능력을 하나라도 놓치기라도 한다면, 몇 가지 특성을 조정하는 것만으로 두 팀을 통계적으로 동등하게 만들었다고 할 수 없다. 우리는 여전히 사과와 오렌지를 비교하고, 상대 팀 코치의 실력을 과장되게 파악하게 된다.

둘째, 아이들의 특성을 제대로 측정해야 한다. 연구자들이 선수의 자질 중 '근성'이 중요하다는 것을 깨달았다고 해보자. 근성이라는 특성을 파악하기 위해 연구자들은 아이들이 얼마나 연습에 자주 참여하는지 횟수를 세보기로 했다. 연습 횟수는 근성을 측정하는 쉬운 방법이긴 하지만 그다지 의미 없는 지표다. 성실한 근성을 가진 아이라도 부모가 둘 다 일하고 있어 주말에 한 번밖에 연습에 참여하지 못할 수 있다. 다섯 살 아이가 연습에 참여하는 횟수는 아이의 근성보다는 부모 일정을 측정한 것일 가능성이 있다. 그러므로 아이들의 몇 가지 특성을 측정해서 통계적으로 두 팀을 동일하게 만들어 코치의 실력을 비교하는 방법은 아이들의 실력을 전부 측정할 수도 없고 그 측정이 완벽할 수도 없다는 점에서 문제가 된다. 이런 두 가지 문제를 해결하지 못하면 나는 억울하다. 내 코칭 실력이 폄하당하니 말이다. 이건 부당하다.

'학교 효과'를 제대로 평가하기는 어렵다

자, 다시 학교로 돌아가 보자. 어떤 축구 코치가 더 잘한 것인지 확인하는 문제는 어떤 학교가 더 잘하고 있는지 알아보는 문제와 다르지 않다. 아이들은 학교에 무작위로 배치되지 않는다. 학교에 다니는 아이들의 특성은 학교마다 상당히 다르다. 어떤 학교가 더 잘하고 있는지 알아보기 위해 연구자들은 아이들의 특성을 확인하는 작업을 했다. 가정환경과 거주지에 따른 수많은 차이를 찾아내 측정하고, 이런저런 통계적 조정을 시도했다. 하지만 아이들의 특성을 전부 찾아내서 완벽하게 측정하는 일은 불가능하다. 이게 바로 콜먼 보고서의 문제였다.

이후 대부분의 교육학 연구도 같은 문제를 겪었다. 비교하려는 두 집단을 동일하게 만드는 통계적 방법에 문제가 있다는 사실은 이미 모두가 알고 있다. 그런데도 학자들은 하던 대로 분석하여 학업성취도에서 나타나는 차이를 학교 탓으로 돌리는 실수를 했다. 우리 팀과 상대 팀 선수들이 다른데 내가 무능한 코치가 된 것과 마찬가지다. 학교에 다니는 아이들의 가정환경과 거주지역(1장에서 언급한 막강한 경쟁 요인)을 동일하게 만들지도 못한 채, 가난한 학교가 잘 가르치지도 못하는 것으로 보이게 만들었다. 학교 효과를 이런 방식으로 분석하게 되면 그렇지 않아도 불리한 조건에 있는 가난한 학교를 작정하고 나쁜 학교로 만들어 버리는 꼴이다.

아동 발달에 영향을 미칠 수 있는 가정환경 특성을 모두 파악해서 통계적으로 동일하게 만드는 건 정말 어려운 일이다. 가정의 특성은 부모의 소득, 학력 수준, 직업과 같은 사회경제적 지위를 구성하는 전형적인 요인으로 측정하곤 한다. 그런데 더 생각해 보면, 가족 구조, 안정성, 거주지역의 질도 있다. 집에 책이나 컴퓨터같이 교육에 필요한 물건들이 있는지, 부모가 얼마나 자주 자녀에게 책을 읽어주는지, 아이가 역사적으로 불이익을 받아온 인종 집단에 속해 있는지 등도 추가해야 할 것 같다.

조금 더 고민해 보면, 부모가 자녀를 도서관에 얼마나 자주 데려가는지, 혹은 함께 여행을 다니는지, 아이들의 건강을 어떻게 관리하고 있는지, 영양가 있는 식사를 제공하는지와 같은 지표도 추가할 수 있겠다. 이 정도면 가정환경을 제대로 파악하기 시작한 것처럼 보인다. 하지만 앞서 언급한 모든 요인을 다 합쳐도 왜 아이들이 배우는 속도가 다른지의 일부만 설명할 수 있다.

버캠Burkam과 동료들은 여름방학 동안 아이들 간에 학업성취도 차이가 생기는 이유를 알아보고자 했다. 촘촘하게 설계한 설문 자료로 가족의 사회경제적 지위, 인종, 가족 구조, 성별, 나이, 방학 동안 여행을 갔는지 여부, 방학 동안 어떤 활동을 했는지, 컴퓨터는 얼마나 사용하는지, 모국어가 영어인지 등의 정보를 측정해 서로 다른 가정환경을 통계적으로 통제한 후 방학 중 학습에서 나타나는 차이를 설명하고자 했다. 그러나 이토록 긴 변수 목록으로도 방학 중 생기는 학업성취도 차이를 15%도 채 설명하지 못했다.[1] 아이들 간 학업성취도 차이의 85%를 설문조사로 측정할 수 없다면, 아이들의 모든 특성을 성공적으로 식별해내고 측정해 '통계적으로 동일하게' 만드는 일이란 극도로 어려운 일이라는 점을 확인할 수 있다. 사과와 오렌지를 통계적으로 조정해 비교하기에는 관찰되지 않는 요인, 설문조사에서 측정할 수 없어 관찰이 불가능한 요인이 너무 많다.

사회과학자들은 이러한 어려움을 누구보다 정확히 파악하고 있다. 그래서 통계적 통제의 심각성을 줄이기 위한 여러 전략을 부지런히 개발해 왔다. 한 가지 방법은 학업성취도를 어느 한 시점에서 측정하는 대신 한 학년 동안 새로 배운 정도로 측정하는 것이다. 이렇게 '부가가치value-added'로 측정하는 모형에는 분명한 장점이 있다. 아이들 학습에 진짜로 학교가 미친 영향력을 식별하는 데 좀 더 가까워진다. 아이들이 얼마나 알고 있는지 측정하기 시작하는 시점에서 발견되는 차이만으로 어떤 학교가 잘하고 있고 어떤 학교가 못하고 있다고 판단하지 않는다. 학교에서 아이들이 1년 동안 얼마나 배웠는지 확인하여 학교를

학교의 재발견

평가하는 방식은 공부 잘하는 아이들만 모인 학교와 못하는 아이들만 모인 학교를 차별하지 않는다는 장점이 있기 때문에 현재 미국의 많은 주에서는 학교의 부가가치를 계산하는 방식으로 평가하고 있다.

그러나 부가가치 모형도 어떤 학교가 잘하고 있는지 가늠하기에 여전히 편향된 결과를 제공한다. 학교 효과를 측정하는 데 기존 방식에 비해 진일보한 방법임은 분명하지만, 여전히 아이들의 학교 밖 환경은 모두 동일하다는 가정을 필요로 한다. 학교에서 학습이 일어나는 동안 아이들이 가정으로 돌아가지 않고 학교에만 머무는 것이 아니다. 그렇다면 한 학년 동안 일어나는 학습에는 학교만이 아니라 아이들이 학교 밖에서 경험하는 것도 영향을 미치게 된다. 심지어 학교에 나오지 않는 여름방학도 포함되어 있어 학습을 촉진하기에 불리한 가정의 아이들이 모여 있는 학교는 가정에서 일어나는 일까지 책임지는 꼴이다. 여름방학까지 포함하는 12개월이 아니라 학교에 나오는 9개월 동안의 학업적 성장을 평가해 보면 가난한 학교는 지금보다 나아 보일 것이다.[2] 교사들과 학교 관리자들에게는 안타깝게도, 학교에 대한 모든 평가는 12개월 자료를 바탕으로 계산된다.

장점이 많은 계절 비교 연구

어떤 축구 코치가 더 잘하고 있는지 알아보는 훨씬 좋은 방법이 있다. 아이들의 축구 실력을 보여주는 측정 자료가 있고, 코칭을 받는 동안 아이들의 실력이 얼마나 향상되었는지 제대로 관측할 수 있다고 해보자. 이건 서로 다른 두 팀의 아이들을 통계적으로 동일하게 만들려는 시도와는 다르다. 코치에게 배우는 동안 축구 실력이 얼마나 향상되었는지 알아보는 것이다. 두 팀을 비교하지 않고 코칭을 받기 전과 후에 각 아이의 축구 실력이 얼마나 달라졌는지 측정한다.

이런 방법을 '반사실적 노출counterfactual exposure'이라 부른다. 새롭게 주어진 조건에 노출되었을 때 그 조건이 어떤 변화를 만들어 냈는지 측정하는 방법이다. 이렇게 하면 서로 다른 두 팀의 아이들을 통계적으로 동일하게 만들 필요가 없어진다. 각 아이들 자신과 비교가 이루어지기 때문이다. 이제 질문은 내게 코칭을 받은 아이들의 축구 실력이 얼마나 늘었고 상대 팀 코치에게 배운 아이들이 얼마나 실력이 늘었는지로 바뀐다.

교육학들은 여름방학을 낀 미국의 학사일정이 학교에 노출되는 기간과 노출되지 않는 기간을 구분할 수 있도록 해주는 '자연 실험natural experiment' 조건을 제공한다면서 이 논리를 학교에 적용해 왔다. 예를 들어 학기 중에 이루어진 성취도는 학교와 학교 외 요인 모두의 산물이지만, 여름방학 동안의 성취도는 학교 외 요인들의 함수로 설명할 수 있다. 그렇다면 학기 중과 방학 중 발생한 성취도의 차이는 학업성취도에 미치는 학교효과를 제대로 확인할 수 있게 해준다.

이런 논리는 의학 연구에서 치료를 받는 기간과 치료를 받지 않는 기간 내내 환자를 관찰하는 교차 설계와 비슷하다. 약이 얼마나 효과가 있는지 알아보기 위해 연구자들은 약이 처치된 기간과 처치되지 않은 기간의 환자 상태를 비교한다. 마찬가지로 교육 연구자들도 아이들이 학교라는 '처치'를 받을 때(학기 중)와 받지 않을 때(방학 중) 성취도 격차가 어떻게 달라지는지 관찰한다. 학교의 중요성을 이렇게 추정하면 기존 방법에 사용되던 의심스러운 통계 조작이 아예 필요 없다. 학교가 학업성취도에 미치는 영향을 아이들의 가정환경으로부터 분리하여 알아볼 수 있다는 점에서, 방법론 전문가들은 계절 비교 연구를 학교 효과를 측정하는 최선의 방법으로 높이 평가하고 있다.[3] 이 방법의 가장 큰 장점은 천차만별로 다른 아이들을 통계적으로 동일하게 만드는 능력에 의존하지 않아도 된다는 것이다.

계절 비교 연구에는 엄청난 강점이 하나 더 있다. 학교에서 발생하는 불평등의 **모든** 메커니즘을 관찰할 수 있다. 학교가 불평등을 재생산하는지, 강화하는지, 아니면 완화하는지 모든 가능성을 열어놓은 채 분석할 수 있다. 교육사회학자들은 지금까지 학교가 불평등을 강화시키는 가능성에 더 무게를 두고 그 메커니즘만 찾아내려 했다. 그러나 계절 비교 연구로 학교를 분석하게 되면, 아무리 왜곡된 시선으로 학교를 바라보는 연구자라도 학교에 대해 균형 잡힌 설명을 할 수밖에 없도록 강제된다는 점이 중요하다.

따라서 계절 비교 연구는 기존 방식에 비해 불평등을 더 넓게 바라보게 해주는 렌즈가 된다. 이런 시나리오를 상상해 보자. 불평등에 얼마나 영향을 미치는지 측정할 수 있는 –10에서 10 사이의 척도가 있다. –10이면 불평등을 완전히 없애는 것이고, 0이면 아무런 영향을 미치지 못한 것이고, 10이면 불평등을 훨씬 더 강화시켰다는 의미다. 학교는 2, 학교 밖 환경은 7의 값을 갖는 세계를 상상해 보자. 학교 밖 환경이 학교에 비해 불평등을 훨씬 더 강화시키는 상황에서, 학교나 학교 밖 환경은 모두 부유한 아이들에게 유리하게 작동한다. 그렇다면 학교는 상대적으로 불평등을 줄여주는 기관이 될 것이다. 학교가 부유한 아이들에게 더 유리하게 작동하더라도 학교에 다니지 않으면 7만큼 벌어질 격차가 학교에 다님으로써 2만큼만 벌어지기 때문이다. 이런 세계에서는 더 많은 아이가 학교에 다니게 될수록 불평등은 줄어들게 된다.

〈그림 3.1〉은 이러한 가능성을 개념적으로 보여준다. 나는 〈그림 3.1〉에서 불평등한 학교조차도 평등을 촉진하는 힘을 가지고 있다는 점을 보여주고자 했다. 학교가 평등 촉진자 역할을 할 수 있는 이유 중 하나는 아이들이 학교 내에서 경험하는 차이보다 학교 밖에서 경험하는 차이가 훨씬 더 크기 때문이다. 실제로 우리가 사는 세상이 작동하는 방식도 그렇다(그렇게 믿는 이유에 대해서는 4장에서 논의하겠다).

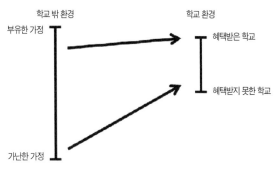

〈**그림 3.1**〉 학교와 학교 밖 환경에서의 불평등 차이.

기존의 연구 방법은 〈그림 3.1〉의 오른쪽 부분만 분석하고 있다. 그러다 보니 학교만이 아니라 학교 밖 세상도 존재하는 실제를 제대로 담아내기에는 역부족이다. 야구 경기를 보면서 몇 번이나 수비 실책을 하는지 세는 것으로 어떤 팀이 이기는지 알아보려는 것과 같다. 실패한 수비 횟수도 경기 승패에 중요할 수 있겠지만 공격에 성공해 득점하면 결과는 뒤집힐 수 있다. 더 넓은 사회적 맥락에서 학교가 불평등에 어떤 역할을 하는지 바라볼 수 있어야 학교가 불평등의 주범인지 아닌지 알 수 있게 된다. 계절 비교 연구는 학교와 학교 밖 환경 모두가 아이들의 학습에 영향을 미치는 상황을 포착해 우리가 학교의 역할을 제대로 이해하도록 돕는다.

계절 비교 연구는 전국적으로 나타나는 일반적 양상을 기술해 낼 수 있다는 장점도 있다. 무작위 실험 연구 결과로는 일반화 가능성이 제한적일 수밖에 없다. 그러나 계절 비교 연구 방법을 대표성이 있는 국가 수준 자료에 적용하면 학교의 중요성을 체계적으로 설명하는 합리적 결과를 산출할 수 있다. 계절 비교에도 당연히 한계점은 있다(〈부록 B〉 참고). 하지만 계절 비교 연구가 보여주는 한계는 통계적으로 아이들을 동일하게 만드는 기존 접근 방식이 노정하는 한계에 비하면 훨씬 소박한 수준이다.

학교는 불평등의 주범이 아닌 '평등 촉진자'

계절 비교 관점에서 학교를 분석해 보면, 학교가 불평등의 주범이라는 생각이 틀렸음을 깨닫게 된다. 계절 비교 연구 초창기에는 뉴헤이븐, 애틀랜타, 볼티모어와 같이 도시 단위에서 수집된 자료를 활용하였다. 그러다 1998년과 2010년에 유치원에 다니고 있던 아이들을 국가 수준에서 매년 추적하여 정보를 수집한 초기 아동기 종단연구(ECLS-K)로 전국적으로 나타나는 패턴을 확인할 수 있게 되었다. ECLS-K는 아이들이 학교에 다닐 때와 그렇지 않을 때를 비교해 언제 불평등이 더 빨리 확대되는지 확인할 수 있는 최상의 계절 비교 자료다.

이 연구에서 눈여겨보아야 할 가장 중요한 질문은, 학교에 다닐 때와 다니지 않을 때 중 언제 아이들의 성취도 격차가 벌어지는가 하는 것이다. 결론을 말하자면, 아이들의 국어와 수학 성취도의 사회경제적 격차는 일반적으로 항상 존재한다. 그러나 그 차이는 학교에 다닐 때보다 다니지 않을 때 더 커졌다. 이런 결과는 학교가 불평등의 주범이 아니라 대체로 중립적이며, 심지어는 오히려 불평등을 완화하는 보완적 역할을 하기도 한다는 사실을 말해준다.

〈그림 3.2〉는 내가 동료들과 ECLS-K 자료에 계절 비교 연구 방법을 적용하여 발견한 결과를 이해하기 쉽게 그린 것이다. 부유한 아이들High SES과 가난한 아이들Low SES 간 학업성취도 격차는 학기 중에 거의 변화가 없다. 하지만 여름방학 중에는 가난한 아이들 점수가 하락하며 격차가 다소 커진다. 그렇다면 아이들이 아예 학교에 다니지 않는 상황을 상상해 보자. 학교에 다니지 않는 여름방학 동안과 같은 속도로 격차는 벌어지게 될 테

니 부유한 아이들과 가난한 아이들 간 격차는 지금보다 훨씬 더 벌어질 것이다. 학교는 아이들이 학교에 다니지 않는다면 더 커질 불평등을 억누르는 역할을 하고 있다.

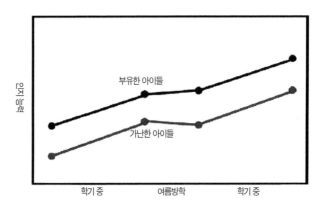

〈그림 3.2〉 인지 능력 격차가 학기 중에는 변화가 없으나 여름방학 동안에는 커진다.

계절 비교 연구 결과는 다음과 생각을 하게끔 한다. 학교가 불평등을 확대하지도 약화하지도 않는 중립적인 기관이라면 가족 배경에 따른 성취도 격차는 어떤 양상으로 나타날까? 학교 밖 요인으로 인해 아이들 간 성취도 격차는 학교에 들어오기 전에 이미 크게 나타나고, 입학한 후에도 그 격차가 계속 이어질 것이다. 그렇다면 학교가 불평등에 전혀 영향을 미치지 않더라도 SES에 따른 학업성취도 격차는 학교에 다니는 동안에도 점점 벌어지게 될 거라는 추측이 가장 합리적이겠다. 아이들이 깨어 있는 시간 중에 학교에서 보내는 시간은 아주 일부라는 사실을 잊지 말자.

그렇다고 학교가 모든 차원에서 '대단한' 평등 촉진자인 것은 아니다. 예를 들어, 흑인과 백인 간 학업성취도 격차를 계절 비교 연구의 관점에서 분석해 보면 SES에 따른 격차에서 발견되는 것처럼 학교의 보완적 역할이 명확하게 드러나지 않는다. 헤인즈[Heyns]는 1970년대 애틀랜타에서 방학보다는 학기 중에 흑인과 백인 간 성취도 격차가 줄어들었다는 증거를 발견했지만,[4] 1980년대 볼티모어 연구에서는 그러한 양상이 분명하게 발견되지 않았다.

ECLS-K를 이용한 우리 연구에서도 학교가 흑인과 백인 간 성취도 격차를 줄인다는 증거를 찾지 못했다. 오히려 남캘리포니아대학교 교육학자 데이비드 퀸[David Quinn]의 분석 결과와 마찬가지로 학교가 인종 간 격차를 심화시키는 징후가 일부 나타났다.[5] 인종에 따른 성취도 격차의 계절 비교 연구 결과를 종합해 보면, 학교 제도가 흑인과 백인 간 격차를 줄여준다는 결과도 있고, 모호하다는 결과도 있고, 확대한다는 결과도 있다. 따라서 대다수 계절 비교 연구에서 흑백 간 격차는 예외라 할 수 있겠다. 학교가 격차를 강화시킬 수도 있다는 근거가 있는 셈이다. 이 책의 부제가 '학교와 불평등에 대한 우리 생각이 완전히 틀린

이유'가 아니라 '**대부분** 틀린 이유'가 된 까닭이 여기에 있다.[*6]

학교가 인종에 따른 격차를 줄여주지 못한다고 해서 학교를 불평등의 주범으로 지목하기에는 두 가지 문제가 있다. 첫째, 큰 그림에서 보면 학교는 보완적 역할을 한다. 대부분의 교육 불평등 연구는 (사회경제적 지위, 인종 등의) 사회적 집단 간의 학업성취도 격차에 초점을 맞추지만, 학업성취도의 전반적인 변이를 살펴보면 학교와 불평등 간의 관계를 보다 포괄적으로 이해할 수 있다. 이는 아이들의 학업성취도가 사회경제적 지위나 인종, 민족과는 무관한 여러 가지 이유로 달라진다는 사실이 밝혀졌기 때문이다. SES나 인종이 설명할 수 있는 것은 성취도 차이의 일부에 불과하다. 한 시점에서 측정한 시험점수로는 4분의 1에서 3분의 1 정도, 시간에 따른 학습 성장률learning rate에서는 1~9%만을 설명한다.[7]

아이들이 보여주는 학업성취도나 교육적 발달은 다양한 요인이 영향을 미치기 때문에 불평등의 더 큰 부분(전반적인 분산)에 학교가 어떠한 영향을 미치는지 알아보는 것이 중요하다. SES나 인종으로 설명할 수 있는 불평등의 일부에 갇힌 우리 시선을

---

* 이 책의 원제인 〈How Schools Really Matter: Why our assumption about schools and inequality is mostly wrong〉의 직역은 '학교는 얼마나 중요할까: 학교와 불평등에 대한 우리 생각이 대부분 틀린 이유'다.

넓혀보자. 아이들이 유치원에서 8학년까지 교육기관을 경험하는 동안 국어와 수학에서의 전반적인 변이가 줄어들었다(〈그림 2.2〉를 떠올려 보라). 학교는 아이들 간 학업성취도의 전반적인 차이를 줄여주지만 그 사실은 그간 무시되어 왔다.

이는 2004년 우리 논문 「학교는 '엄청난 평등 촉진자' 인가?Are Schools the 'Great Equalizer'?」에서 처음으로 밝혀졌다. 우리는 「ECLS-K: 1998」자료로 아이들 간 학습 성장률 변이가 학기 중보다 여름방학 때 2~3배 더 크다는 점을 지적했다. 아이들은 학교에 노출될 때 학습에서 유사한 결과를 보여주었다.[8] 최근 코호트를 조사한 「ECLS-K: 2010」자료로 분석해도 같은 결과가 나왔다.[9] 학교를 평가하는 이 큰 그림을 그리는 방법은 학교가 전반적으로 불평등을 완화하는 역할을 하며, 이는 흑인/백인 패턴보다 가족의 사회경제적 지위에 더 일치하는 패턴임을 보여준다.

인종 간 학업성취도 격차에서 학교가 불평등을 완화하는 양상이 뚜렷하게 나타나지 않는다고 하더라도 학교가 불평등의 원인이라는 대전제에 대해 우리가 여전히 다시 생각해 봐야 하는 또 다른 이유가 있다. 흑인과 백인 학생들 간 성취도 격차가 학교에서 벌어진다고 해도 그 정도는 미미하다는 것이다. 「ECLS-K: 1998」자료에서 8학년 국어 성취도에서 드러나는 흑인과 백인 간 격차는 유치원 시절에 확인된 격차의 78% 정도에 불과하다(수학은 94%).[10] 계절 비교 연구 결과에서 학교는 흑인 아이에게 더 불리하게 작용했을 가능성이 있다지만, 격차의 대부분은 취학 전 격차가 그대로 이어진 것이다. 78%와 94%라는 결과로 격차가 얼마나 변했는지 비율을 계산할 수도 있다. 동시에 이 숫자들은 불평등 형성에 초기 아동기가 결정적 역할을 하고 있음을 드러낸다. 학교가 하는 일은 우리 생각보다 훨씬 작다. 그러니 학교가 인종 간 격차를 강화시킬 가능성은 있지만 그 중요성은 결코 초기 아동기만큼 크지 않고 우리가 예상하는 것보다는 훨씬 소소하다.

학교가 불평등을 줄인다는 연구 결과

우리 팀을 9 대 0으로 박살낸 축구 코치는 나보다 실력이 뛰어날 것이다. 그러나 우리 팀과 상대 팀 구성이 너무나 달라 실제로 누가 더 실력 있는 코치인지 제대로 확인하기는 어렵다. 결과적으로 우리 팀이 완패했음에도 내가 더 나은 코치였을 가능성도 있다. 내가 상대 팀을 코칭했다면 12 대 0으로 이겼을지도 모른다. 하지만 우리는 반사실적 상황을 절대 알 수 없다. 영화 〈멋진 인생It's a Wonderful Life〉이 재밌는 이유가 여기에 있다. 주인공 베일리는 인생이 고달파 자살하기 위해 다리 위로 올라간다. 이때 한 천사가 나타나 베일리가 태어나지 않은 세상을 보여주자

베일리는 다시 자신의 삶으로 돌아오는 선택을 한다.

축구 실력에 중요한 영향을 미칠 것으로 예상되는 특성으로 목록을 만들고, 그 특성들을 통제하는 방법으로는 어떤 코치가 더 잘하는지 확인할 수 없다. 서로 다른 두 집단을 통계적으로 동일하게 만들면 비교에 도움이 되긴 하지만 완벽하게 공정한 비교라고 하기엔 역부족이다.

통계적으로 동일한 두 집단을 만들어 비교하는 방법의 한계를 극복한 계절 비교 연구 결과는 우리를 놀라게 했다. 아이들이 학교에 다니는 동안에 학업성취도의 전반적인 변이가 늘어나지 않았다. SES에 따른 격차도 커지지 않았다. 오히려 감소하기까지 했다. 이런 결과는 학교가 불평등의 주범이라는 '대전제'와 어긋난다. 학교를 탓하는 학자들은 아이들의 가정과 거주지 환경 조건의 몇 가지만 조사하여 통제하는 방식으로 학교가 불평등의 원인이라고 주장했다. 앞서 설명했지만, 통계적 조정은 불충분할 수밖에 없어 학교가 정말 어떻게 불평등에 중요한 역할을 하는지에 대한 우리 지식을 왜곡시킨다. 완전히 '동일하게 만들지 못한 학교 밖 환경 요인' 때문에 학업성취도와 같은 교육적 결과에서 발견되는 격차의 원인을 학교에서 찾는 전형적인 오류를 범하게 된다(학교와 불평등에 대해 연구하고자 할 때 직면하는 난점에 대해서는 〈부록 C〉에 적어두었다).

계절 비교 연구는 더욱 효과적인 연구 설계에 바탕을 두고 있다. 서로 다른 학교에 다니는 아이들을 통계적으로 동일하게 만드는 데 의존하기보다 동일한 아이들이 성장하는 과정을 따라가면서 학교에 다니는 기간과 다니지 않는 기간을 비교해 불평등 양상이 어떻게 달라지는지 조사한다. 이 방법은 통계적으로 통제하는 과정에서 마주치는 문제를 우회하여 학교가 불평등을 정말 만들어 내는지 아닌지에 대한 믿을 만한 설명을 제공한다. 계절 비교 연구 결과는 학교가 인종 간 격차를 제외한 대부분의 차원에서 불평등을 확대하기보다는 감소시키는 역할을 하고 있음을 알려준다.

계절 비교 연구의 경험적 근거로 학교가 불평등을 저지하는 역할을 한다는 사실을 알게 되니 다음과 같은 질문이 이어진다. 왜 아이들은 학교에 있을 때보다 학교 밖에 있을 때 더 불평등해질까? 부유한 아이들은 학교에서도 가난한 아이들에 비해 더 유리한 학습환경을 누린다는 점은 명백한 사실인데 말이다. 다음 장에서 학교에 대한 주류 담론인 '대전제'에 대한 반론을 다루며 답을 알아보자.

$$\boxed{4}$$

학교에 대해 미처 몰랐던 사실, 둘

학교가 **모든** 차원에서 불평등을 키우는 것은 아니라는, 앞 장에서 살펴본 뜻밖의 사실은 또 다른 의문으로 이어진다. 만약 빈곤한 아이들이 다니는 학교가 더 열악하다면, 학교에 다니는 동안 SES에 따른 학업성취도 격차는 더 벌어져야 하지 않는가? 학교는 저소득층 유색인종 아동들보다 고소득층 백인 아동들을 훨씬 더 잘 가르친다는, 우리가 믿고 있는 사실이 실은 진실이 아닐지도 모른다.

학교 평가는 성취도·성장률보다 '영향력'을 따져야

내가 폴 본 히펠Paul von Hippel, 멜라니 휴스Melanie Hughes와 함께 수

행했던 「'실패한' 학교는 정말 실패한 것일까?^{Are 'failing' schools really}

^{failing?}」라는 제목의 연구를 소개한다. 우리는 먼저 「ECLS-K:
1998」 자료에서 초등학교 1학년이 끝나는 시점의 국어 성취도
로 287개 학교를 평가했다.[1] 우리는 이렇게 측정한 결과를 학교
의 "성취도"라 불렀다.

〈그림 4.1〉이 보여주듯 '좋은' 학교는 이 척도에서 70점대
위쪽에 위치하고 있다. '나쁜' 학교의 국어 성취도는 40점대 아
래쪽에 위치한다. 우리는 학교의 성취도 수준이 하위 20%에 속
하는 학교를 "실패한 학교"라 이름 붙이고 가장 취약한 학교로
구분했다. 이 학교들은 그림에서 검은 점으로 나타내어 다른 방
식으로 학교를 평가하더라도 상대적인 위치가 어떻게 변하는지
쉽게 추적할 수 있게 했다.

물론 한 시점에 측정한 성취도로 성공한 학교와 실패한 학
교를 규정하는 것은 명백한 잘못이다. 1장에서 배웠듯 아이들
은 유치원에 입학하는 시점에 이미 성취도 수준이 상당히 다르
므로 어떤 학교가 다른 학교에 비해 더 높은 시험 성적을 받았
다고 해서 학교 때문이라 할 수 있는 부분은 거의 없다. 두 팀
선수들의 기량이 매우 다름을 고려하지 않고 경기 결과를 그대
로 코치의 역량으로 비교하는 것과 다름없다. 교실 안에서 무슨
일이 일어나는지 제대로 이해하려면 학교가 기여한 부분을 학

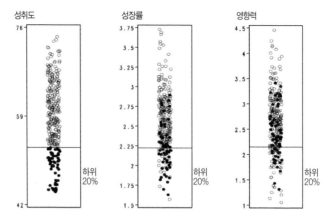

〈그림 4.1〉 학교 성취도(1학년 말 성적), 성장률(유치원 졸업 시점부터 1학년 말 사이 성적 변화), 영향력(1학년 동안의 학습 성장률과 1학년 시작 이전 여름방학 동안의 학습 성장률 비교)으로 각각 살펴본 학교 평가의 결과. 『ECLS-K: 1998』, N = 287. (참고: 세로축의 위치만 의미가 있음. 가로축은 각 점이 과하게 겹치는 것을 방지하기 위해 넓게 펼치는 과정에서 발생한 것으로, 아무런 의미가 없음.)

교 밖 요인과 분리해 내야 한다.

이번에는 유치원 교육이 끝난 시점에서 1학년이 끝나는 시점까지 아이들의 국어 실력이 얼마나 **성장했는지**(우리는 이를 "성장률growth"이라 부르겠다)를 측정했다. 이 방식의 장점은 측정을 시작하는 시점에서 나타나는 아이들의 성취도 차이에 따라 학교를 평가하는 것이 아니라, 학교에 다니는 동안 학생들의 성취도가 얼마나 향상되었는지를 평가한다는 것이다. 성장률로 학교를 평가하는 방식은 성취도로 측정하는 것보다 학교의 역할을 제대로 평가할 수 있다. 그리고 어떤 학교가 잘하고 있고 어떤 학교는 제대로 못 하고 있는지를 다시 바라보게 한다. 〈그림 4.1〉

에서 성취도를 기준으로 하면 '실패한' 학교로 분류되는 검은 점 중 일부는 성장률로 측정하면 하위 20%를 구분하는 선 위로 이동하는 것에 주목하사. 심지어 성취도만으로 평가했을 때 높은 점수를 받은 학교 중 일부는 하위 20%의 구분선 아래로 떨어지기도 한다. 성취도로 측정했을 때 관찰되는 가난한 학교와 가난하지 않은 학교 간 엄청난 차이는 성장률로 측정한 결과와 비교하면 절반 정도로 줄어든다.

성장률로 측정하는 방식은 학교의 역할을 정확히 평가하는 방향으로 진일보한 것이지만, 여전히 공정한 평가 방법은 아니다. 학기 중이라도 아이들이 하교 후에 모두 동일한 환경의 가정에서 지내는 경우에만 공정하다고 할 수 있다. 우리 연구가 유치원이 끝나는 시점부터 1학년을 마치는 시점 사이의 성취도 변화로 학교를 평가했다는 것을 기억하자. 학기 중이라고 해도 아이들은 깨어 있는 시간의 대부분을 학교 밖에서 보낸다.[2] 어떤 아이들은 부모가 질문도 많이 하고, 당근과 후무스 드레싱을 간식으로 주며,[*] 건강을 항상 살피고, 숙제를 도와주고, 자주 안아주고 뽀뽀도 해주고, 잠자리에 들기 전에 『잘 자요 달님Goodnight Moon』을 읽어주는 안정된 가정환경을 갖춘 집으로 돌아간다. 어

---

[*] 부모가 자녀에게 건강한 간식을 준다는 의미다.

떤 아이들은 이가 아파도 돌봐줄 사람이 없고, 배고파도 참아야 하고, 수면 주기가 엉망이 되기 일쑤고, 총소리를 익숙하게 듣는 불안정하고 스트레스가 가득한 환경으로 돌아간다. 성장률로 측정하는 방식은 학교가 책임지는 부분을 평가하기 위한 것이지만 아이들의 가정환경을 통제하지 못하는 한계가 있다. 학교에서 배운 내용을 부모와 함께 복습하는 집으로 돌아가는 아이가 공부에 집중할 수 없는 환경으로 돌아가는 아이보다 실력이 더 성장할 수밖에 없다.

성취도도 좋은 기준이 아니고 성장률로 평가해도 여전히 학교를 공정하게 평가하지 못한다면 도대체 어떻게 해야 할까? 우리가 제안하는 방법을 설명하기에 앞서, 인과관계를 증명하기에 필요한 근거의 구성 요소를 살짝 살펴보자. 철학자 데이비드 흄David Hume까지 거슬러 가 우리가 사건의 인과관계를 식별할 수 있는지 살펴볼 생각은 아니다. 내 목표는 훨씬 소소하다. 그저 시간의 흐름에 따라 결과를 쫓아가면서 특정 사건 또는 처치가 인과적 효과가 있는지 알고 싶을 때 어떻게 해야 하는지 이야기하고자 한다. 앞서 언급한 교차 설계, 어떤 대상에 처치가 가해지지 않은 상태에서 처치를 가한 상태로 넘어갈 때의 변화를 관찰하는 연구에 제한해서 알아보자.

인지 능력에 영향을 미치는 신약이 있다고 하자. 그 약의 효과를 시험하기 위해 우리는 실험 대상자에게 약을 제공하고 시간에 따라 그들의 변화를 추적한다. 그 결과, 약을 먹은 동안 인지 능력에 아무런 변화가 없었다(〈그림 4.2〉). 그렇다면 이 약은 효과가 없다고 결론 내려도 될까? 만약 여러분이 "그렇게 판단하기에는 너무 성급하잖아요"라고 말한다면 내 의도를 이해한 셈이다.

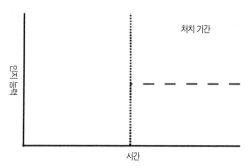

〈그림 4.2〉 이 약은 인지 능력에 영향을 미쳤다고 할 수 있을까? 처치를 받기 전에는 어땠는지 관찰하지 않고는 알 수 없다(통제 기간).

약이 인지 능력에 영향을 미쳤는지 알아보려면 약을 먹은 이후에 약을 먹은 사람들만 관찰해서는 안 된다. 약을 먹은 사람들이 약을 먹기 전에 어땠는지 알아야 한다. 먹기 전과 후의 두 궤적을 **비교해야** 한다.

우리가 관찰하려는 사람들의 인지 발달이 약 투여 이전부터 상승 궤도에 있었을 수 있다. 일반적으로 어린아이들의 경우

학교의 재발견

가 그렇다. 그런 경우에는 처치 기간에 인지 능력에 특별한 변화가 관찰되지 않았다면 약이 부정적인 영향을 미쳤을 가능성을 생각해 볼 수 있다. 약이 아니었다면 인지 능력이 더 발달했을 수 있었는데 발달이 억제되었기 때문이다(〈그림 4.3〉에서 점선으로 표시된 부분). 점선은 앞서 말했던 '반사실적' 상황으로, 만약 피험자가 처치에 노출되지 않았더라면 어떤 일이 일어났을지를 보여준다. 반사실적 상황은 우리가 실제로 관찰할 수 없으므로 점선은 가장 가능성 있는 반사실적 경로의 추정치를 표시한 것이다.

이번에는 신약 효과의 실험 대상으로 다른 집단을 생각해보자. 관찰할 수 있는 변화 궤적을 반사실적인 변화 궤적과 비교하는 것이 왜 중요한지 이해하는 데 도움이 된다. 우리 피험자가 노인이었고, 신약 복용 전에 인지 능력이 저하되고 있었다

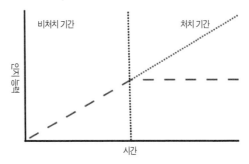

〈그림 4.3〉 이러한 결과는 약이 인지 능력 발달에 부정적인 영향을 미쳤을 가능성을 보여준다. 약을 먹은 사람들은 약을 먹은 이후에 평평한 궤적(긴 점선)을 보여주지만, 약을 먹기 전에 인지 능력이 상승 궤도에 있었다(약을 먹지 않았더라면 짧은 점선처럼 계속해서 상승하는 궤적을 보여줄 거라 예상).

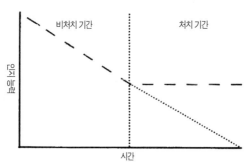

비처치 기간　　　　　　　처치 기간

인지 능력

시간

〈그림 4.4〉 이 결과는 약이 인지 능력에 긍정적인 영향을 미쳤을 가능성을 보여준다. 약을 먹은 사람들은 약을 먹은 이후에 평평한 궤적(긴 점선)을 보여주지만, 약을 먹기 전에는 인지 능력이 떨어지고 있었다(약을 먹지 않았더라면 짧은 점선처럼 계속 하강하는 궤적을 보여줄 거라 예상).

고 해보자(〈그림 4.4〉). 그런데 약을 투여하니 더 이상 인지 능력이 저하되지 않았다. 이제 우리는 약효에 대해 정반대 결론을 내리게 된다. 아동을 대상으로 연구할 때보다(〈그림 4.3〉) 훨씬 긍정적인 상황이다. 두 경우 모두 약 투입 후 인지 능력 변화의 궤적은 같았지만, 피험자가 처치에 노출되기 전 궤적이 어떠했는지에 따라 약효를 해석하는 방식이 달라진다. 내가 하고픈 말은 인지 능력에 대한 약효를 제대로 이해하려면 통제 기간(처치 이전)과 처치 기간(처치 이후)을 모두 고려해 무슨 일이 일어났는지 비교할 필요가 있다는 것이다.

　내가 학계 동료들과 이런 용어를 사용하며 교차 설계와 인과관계에 대해 이야기하면 그 누구도 이의를 제기하지 않는다. 다들 아무 문제 없이 잘 받아들인다. 그러나 이 이야기를 학교에 대한 것으로 바꿔 말하기 시작하면 분위기가 묘해진다. 어떤 이들은 교차 설계에 담긴 논리는 잊어버리고 아이들이 학교에 있을 때 결과가 어떻게 변하는지 관찰하는 것만으로 학교 효과를 식별하고 싶어 한다. 하지만 학교 효과를 추정할 때, 9개월의 학기만 딱 떼어내 관찰해서는 안 된다. 설사 그게 더 직관적으로 느껴지더라도 말이다.

처치 기간과 통제 기간을 비교할 필요는 우리 논문 「'실패한' 학교는 정말 실패한 것일까?」에서 새로운 측정 방식이 나오게 된 배경이 되었다. 내가 동료들과 함께 개발한 학교의 학습 역량school-based learning은 먼저 입학 전인 초등학교 1학년이 시작되기 직전의 여름방학(비처치nontreatment 기간) 동안 이루어진 학습의 성장률을 측정한다. 그러고 나서 아이들이 학교에서 얼마나 배웠는지 알아보기 위해 1학년을 마친 후(처치treatment 기간)에 학습 성장률을 측정해 그 둘을 비교했다. 이 두 학습 성장률의 차이를 학교의 '영향력impact'이라 이름 붙였다. 〈그림 4.5〉는 학교의 영향력 측정 논리를 시각화하여 보여준다. 영향력 분석에서는 아이들이 학교에 다니기 시작한 후 학교에 다니지 않을 때와 비교해서 학습 양상이 어떻게 달라지는지를 관찰하는 것이 가장 중요하다. 우리는 이 방식이 학교 내에서 어떤 변화가 일어나는지 더 정확하게 측정하는 방식이라 생각한다. 아이들이 학교에 노

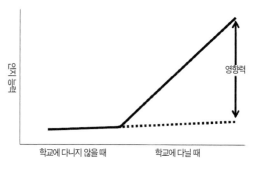

〈그림 4.5〉 학교 영향력: 아이들이 학교에 노출되었을 때와 그렇지 않았을 때 관찰되는 학습 성장률의 차이.

출되기 시작한 후 학습 상황이 어떻게 변하는지를 잡아낼 수 있기 때문이다.

영향력을 기준으로 학교를 평가하면 어떤 학교가 잘하고 있고 어떤 학교가 못하고 있는지에 대한 생각이 크게 달라진다. 우리 연구에서 성취도로 측정하였을 때 '실패한(하위 20%)' 학교로 판정되었던 취약 학교 중 75% 정도가 영향력 기준으로 측정하면 더 이상 하위 20%를 구분하는 선 아래에 있지 않았다. 흥미롭게도 성취도로 측정했을 때 잘한다고 평가받은 학교 중 17%도 영향력으로 측정하니 더 이상 좋은 학교라 평가할 수 없었다. 성취도에 기반하여 좋은 학교라 여겨지던 학교들은 높은 성취도를 자랑하지만 학교가 잘 가르친 결과는 아니었다. 만일 우리가 제안하는 영향력 방식이 학교가 학습에 기여하는 측면

학교의 재발견

을 더 엄밀하게 측정할 수 있는 방식이라면, 현재 우리는 가난한 아이들이 주로 다니는 학교의 성과를 상당히 과소평가해 온 셈이다. 학교 성취도나 성장률에 기반한 기존 평가 방식에서는 학교와 가정환경 요인을 섞어버린 경향이 있다.

학교 평가 방식을 보다 공정한 방식으로 바꿨을 때 어떤 학교가 더 잘하고 있는지가 바뀐다는 점을 볼 수 있는 또 다른 방법은 성취도, 성장률, 영향력 등 학교의 학습 역량 지표와 학교 특성 간의 상관관계를 살펴보는 것이다. 성취도로 측정하는 방식만 고수하면, 이미 성취도가 높은 아이들이 많은 학교가 좋은 학교라는 기존 생각을 재확인할 뿐이다. 주요 학교 특성과 학교 성취도와의 상관관계를 살펴보면, 고성취 학교에는 급식을 지원받는 학생(-0.38)이나 열악한 환경의 소수민족 학생(-0.45)이 거의 없고, 공립학교가 아니라 사립학교일 가능성은 더 작다(-0.44).

그러나 이 관계를 성장률로 살펴보면 상관관계 크기가 줄어든다. 성장률과 열악한 소수민족 학생 비율의 상관성은 줄어들고(-0.28), 급식을 지원받는 학생 비율이나 공립학교 여부와는 통계적으로 유의미한 상관관계가 나타나지 않는다. 학교 성취도의 영향력과 학교 특성 간 상관관계가 전부 사라진다.

영향력으로 측정한 결과는 많은 사람이 예상하는 좋은 학교가 실은 좋은 학교가 아닐 가능성을 시사한다. 아이들을 얼마나 잘 가르치는지는 학교마다 다르다. 어떤 학교는 학생의 교육적 발달에 큰 영향력을 미치기도 하고 어떤 학교는 그렇지 않을 수 있다. 그런데 영향력이 큰 학교라고 해서 부유한 아이들이 더 많이 다니거나, 흑인 아이에 비해 백인 아이가 많다거나, 사립학교일 가능성이 딱히 더 높지 않다. 학교의 학습 역량은 사회 집단 사이에 무작위적으로 분포되어 있다.

예상 가능한 반론들에 대한 반박

가난한 아이들이 많은 학교가 부유한 아이들이 많은 학교만큼 학습을 촉진한다는 주장은 학계에서 신성모독 같은 이야기다. 차라리 지구가 차가워지고 있다고 말하고 다니는 게 친구를 사귀는 데 더 도움이 될 것이다. 그러니 흔히 제기될 수 있는 반론에 대해 생각해 볼 필요가 있다.

(1) 수준 낮은 학생들의 성취도 올리기가 더 쉽다

부유한 아이들이 다니는 학교가 실제로 학교가 학생들의 교육적 발달을 더욱 효과적으로 돕고 있음에도 불구하고 영향력으로 평가하면 그러한 가능성을 포착하지 못할 수 있다. 이미 학업성취도가 높은 학생들을 다음 단계로 끌어올리는 것은 그

반대의 경우보다 어렵다. 무언가를 배울 때를 생각해 보라. 초급에서 중급으로 넘어갈 때가 중급에서 고급으로 올라가려고 할 때보다 수월하지 않은가? 피아노를 처음 배우는 아이와 배운 지 4년 차 아이 간 실력이 향상되는 속도를 비교해 보자.

충분히 납득할 만한 우려다. 하지만, 영향력으로 측정한 결과에 대한 좋은 반론이라고 하기 어려운 이유가 몇 가지 있다. 첫째, 사람들이 학습 초기에 더 빨리 습득하더라도 그 기술 능력의 아래쪽에서의 성장과 위쪽에서의 성장을 동등화하는 척도를 만들 수 있다. 아이들이 피아노를 배우는 첫해에 4년째 접어들 때보다 더 많이 배우는 게 사실이라 해도 이런 차이를 반영하는 척도를 만들면 된다. 예를 들어, 척도 가장 아래쪽에서의 한 단위 증가는 피아노를 배운 첫해에 배운 양을 나타내고, 척도 위쪽에서의 한 단위 증가는 4년 차 때 배운 양을 나타내도록 할 수 있다. 이렇게 하면 척도의 모든 부분에서 이뤄지는 단위당 증가가 동일한 의미를 갖게 된다. 다시 말해, 서로 다른 수준의 아이들이 공통적으로 보여주는 성장 수준을 반영하는 척도를 사용하면 해결할 수 있는 문제다.[3]

둘째, 학습을 시작하는 시점에서 더욱 수월하게 배울 수 있더라도 이 문제는 학기 중과 학기가 아닌 시점 모두에 공통으로 적용된다. 계절 비교는 학기 중과 여름방학 두 시기를 비교하는 방법이라 척도가 가진 약점은 두 시기 모두에 적용될 수밖에 없다. 따라서 계절 비교 연구 설계상 척도가 가진 약점으로 인해 특정 결과가 나타날 가능성은 작은 편이다.

끝으로, 이미 높은 학습 능력을 갖춘 아이들이 다니는 학교에 높은 영향력도 요구하는 건 과한 게 아니냐는 잘못된 생각을 하는 사람들이 있다. 측정 방식을 비판하는 것이 아니라 부유한 아이들을 가르치는 학교에 높은 영향력까지 갖추라고 한다면 그건 불가능에 가까운 임무가 아니냐는 불만에 가깝다. 하지만 현실은 그렇지 않다. 우리 연구에 따르면 높은 학업성취도를 보여주는 학교가 영향력도 높다. 부유한 아이들이 다니는 학교에 높은 영향력까지 기대하는 것은 너무 큰 부담이란 비판에는 이렇게 반문할 수 있겠다. 부유한 아이들이 다니는 학교에 기대치가 너무 낮은 것은 아니냐고. 어쩌면 영향력 측정처럼 더 공정한 방식으로 학교를 평가하게 되면 부유한 아이들이 다니는 학교에도 동기부여가 될 수 있다. 더 많은 학교들에서 성취도만이 아니라 영향력 또한 높아질 수 있다는 것이다.

(2) 가난한 아이들이 많은 학교에 다니면 하향 평준화된다

부유한 부모들은 개인적인 관점에 갇혀 영향력으로 측정한 결과가 틀렸다고 생각한다. 자녀를 위해 선택한 학교에는 가난한 아이들이 주로 다니는 학교에서는 제공하지 못하는 프랑스어 AP과정*이 있고 바이올린 수업도 제공한다는 이유로 학습 환경이 더욱 유리하다고 확신한다. 가난한 아이들이 다니는 학교에 보내는 부모들은 자기 자녀가 이런 이점을 누리지 못할 거로 생각한다. 맞는 말일 수 있다. 부유한 집 자녀가 가난한 아이들이 대부분인 학교에 다니면 고급 프랑스어나 바이올린 같은 건 배우지 못할 수 있다.

그러나 영향력 연구가 주장하는 바는 그런 이야기가 아니다. 영향력 연구는 가난한 아이들이 다니는 학교도 부유한 아이들이 다니는 학교만큼 아이들의 국어와 수학 학습을 촉진하고 있음을 보여준다. 이러한 결과가 부유한 아이들이 다니는 학교에서 한 아이를 뽑아 가난한 아이가 다니는 학교로 보내면 거기서도 똑같은 학업적 결과를 발견할 수 있다는 말이 아니다. 각 학교는 재학생에게 필요한 사항을 충족하는 데 특화되어 있다. 따라서 영향력 연구 결과는 부모가 자녀를 어떤 학교에 보내는 것이 좋을지를 결정할 때 유용한 정보를 제공해 주는 것이 아니다. 영향력 연구 결과의 가치는 학교가 우리 아이들을 얼마나 잘 가르치고 있는지 제대로 평가하는 것에 있다.[4]

---

* 중등학교 단계에서 대학 과목을 이수하면 학점으로 인정해 주는 제도를 의미한다. '좋은' 대학에 들어가는 것에 도움이 된다.

(3) 인지 능력이 중요한 게 아니다

영향력으로 측정한 학교 평가의 경험적 근거는 인정하면서도 그 결과는 국이나 수학 성취도처럼 인지 능력에만 적용될 뿐이라며, 그런 시험점수가 학교 교육에서 중요한 게 아니라고 주장하는 사람들도 있다.[*] 나는 그렇게 생각하지 않는다. 미국에서는 과거에 비해 계층이 결정되는 과정에서 인지 능력이 더욱 중요해지고 있다. 인지 능력은 청소년기 임신, 고등학교 중퇴, 교도소 수감, 임금 수준, 한부모가 되는 것 등 광범위한 생애 결과와 깊이 관련되어 있다는 점에서 그 중요성을 확인할 수 있다. 더 높은 수준의 인지 능력을 습득할수록 더 나은 삶을 누릴 수 있다는 연구 결과가 지속적으로 나오고 있다.[5]

세상이 항상 이렇지는 않았다. 1964년 전국 자료로 흑인과 백인 간 격차를 분석한 연구에 따르면 평균 이상의 인지 능력을 갖춘 흑인 남성의 수입은 비슷한 인지 능력을 지닌 백인 남성 수입의 65%에 불과했다. 흑백 임금 격차를 인지 능력으로 충분히 설명할 수 없다는 말이다. 그런데 세상이 변했다. 1993년 31~36세의 남성 피고용자 중 학업성취도가 중위 수준보다 높은 흑인 남성의 경우 백인 남성 평균 임금의 96% 수준을 벌고

---

[*]　이 책에서는 cognitive skills를 인지 능력으로 번역하였다. skill은 타고난 능력이 아니라 학습을 통해 발달하는 능력을 지칭한다.

있었다. 비슷한 인지 능력은 비슷한 수입을 보장하게 되었다. 최근 자료는 인지 능력이 비슷한 흑인과 백인을 비교하면 흑인이 백인보다 대학을 졸업할 가능성이 더 크다는 것을 보여준다. 이렇게 인지 능력은 불평등을 설명하는 데 점점 더 중요해지고 있다. 크리스토퍼 젠크스Christopher Jencks와 메리디스 필립스Meredith Phillips의 말처럼 "인종 간 평등이 미국의 목표라면, 흑인과 백인 간 학업성취도 차이를 줄이는 것이 그 어떤 광범위한 정치적 기획보다 효과적이다".[6]

(4) 학교의 '질'은 국어와 수학 성취도를 향상시키는 것 이상의 의미가 있다

부유한 아이들이 다니는 학교와 가난한 아이들이 다니는 학교가 국어와 수학 성취도 향상을 비슷하게 촉진하더라도, 그리고 인지 능력이 중요하다는 점에 동의하더라도, 대부분의 부모들은 자녀가 학교에서 인지 능력 이상의 것을 배울 거라 기대한다. 부모는 긍정적인 분위기와 문화가 있는 학교를 원하며, 학교가 아이들에게 안전한 장소이기를 바란다. 자녀가 축구를 하고, 체스 동아리에 가입하고, 오케스트라 활동에도 참여하며 학교에서 새롭고 다양한 기회를 누리길 원한다. 또한 자기 자녀가 학업에 충실한 친구들이 많은 학교에 다니기를 선호한다. 이런 기대와 선호는 학교의 학습 역량을 의미하는 영향력과 달리 더 포괄적이고 넓은 의미로 학교의 질 개념을 구분해야 할 이유가 된다.

학교 영향력 연구는 부유한 아이들이 다니는 학교와 가난한 아이들이 다니는 학교 사이에 전반적인 질적 차이가 없다고 말하는 게 아니다. '질'은 국어나 수학을 학습하는 것보다 더 광범위하게 정의된다. 부유한 백인 아이들이 많이 다니는 학교에 다니면, 인지 능력이 향상하는 차원 이상으로 여러모로 유리하다는 주장을 부인하기 어렵다. 친구든 부모든 도움이 될 만한 자원을 갖춘 사람들과 교류할 수 있다.

여러분의 자녀가 시험 성적이 썩 좋지는 않지만 명문대에 가고 싶어 한다고 상상해 보자. 자녀가 부유한 아이들이 많이 있는 학교에 다닌다면 입시를 어떻게 준비해야 하는지에 관해 이야기하는 친구를 만나기 쉬울 것이다. SAT에서 높은 점수를 내기에 도움이 되는 수업을 받을 가능성도 더 크다. 입시 전문가인 부모를 둔 친구로부터 입시에 유리한 전략을 배울 수도 있다. 또한 엘리트 대학교와 공고한 관계를 쌓아온 진학 상담 교사의 도움을 받을 수도 있다. 성적이 애매한 학생들의 경우 이런 교사의 도움이 결정적 차이를 만들기도 한다.[7] 게다가 그런 친구들일수록 교실에는 자신보다 공부도 잘하고 가족 자원도 더 풍부한 친구들이 잔뜩 있을 것이다.

이러한 네트워크를 형성하기에는 부유한 아이들이 다니는 학교가 유리하다. 부유한 아이들은 경험이 풍부한 교사를 만날 가능성,[8] 우등생 과정이나 AP과정 수업 등 다양한 교육과정에 접근할 가능성이 크다. 이 모든 상황이 부유한 백인 부모가 자녀를 부유한 백인 아이들이 많은 학교에 보내는 이유다. 부유한 아이들이 많은 학교에서 자기 자녀가 틀림없이 더 많이 배울 거라 오해하더라도 그 외에 다른 여러 이점에 대한 기대에서 그들이 옳을 수 있다.

여전히 놀라운 점은 측정 가능한 모든 학교 자원의 차이에도 불구하고 부유한 아이들이 가난한 아이들에 비해 학교의 더 훌륭한 학습 역량을 딱히 누리지는 않는다는 것이다. 고소득층 아이들이 많은 학교에 다니면 여러 측면에서 유리해 보이는 것이 사실이긴 한데, 그런 이점이 기대하는 바처럼 더 나은 학습으로 이어지지 않는다. 바로 여기에 주목할 필요가 있다. 학교가 질적 측면에서 차이가 나더라도 실제 학습 결과에서는 그다지 차이가 없다.

학교가 국어와 수학 능력을 가르치는 것 이외에도 다른 방식으로 불평등을 조장할지도 모른다는 가능성을 열어놓는 편이 나름 합리적으로 보인다. 하지만 이 가능성이 생각처럼 그렇게 크진 않다. 인지 능력과 관련해 학교를 공정하게 평가하기 이전에는 부유한 아이들이 가난한 아이들보다 학교에서 더 많이 배울 것이라 믿어 의심치 않았던 과거를 되돌아보자. 학교 밖 환경을 학교로부터 조심스럽게 분리해 내기 전까지는 학교가 어떻게 중요할지 알기 어렵다. 안타깝지만 인지 능력 외에는 학생들이 보여주는 교육적 결과에 대한 정보가 그리 충분하지 않다. 현재는 자료가 있어 분석 가능한 다른 측면을 살펴보아도 그 결과는 인지 능력 결과와 대체로 일치한다. 학교의 역할이 우리 생각보다 더 긍정적이란 결과다. 이와 관련한 내용은 6장에서 더 자세히 다룰 예정이다. 여기서는 핵심만 간단히 적어보겠다. 아이들의 체질량 지수(BMI)에 있어서도 학교는 보완적 역할을 한다. 아이들의 사회적·행동적 능력, 예를 들면 집중력이나 친화력 등에 있어서 학교는 중립적인* 역할을 한다.

⑸ 부유한 아이들이 다니는 학교 교사가 더 훌륭하다

지난 10년 동안 학습을 촉진하는 교사의 역량이 천차만별이라는 점은 분명해졌다. 아이들을 교사 A와 교사 B에 무작위로 배정하는 실험 방법을 사용한 연구에 따르면, 교사 역량이

---

* 불평등을 증가시키지도 감소시키지도 않는다는 의미다.

학교의 재발견

하위 25%에 해당하는 교사에게 배정되었을 때보다 상위 25%의 교사에게 배정되었을 때 아이들의 학업성취도는 연간 10%p 더 높은 향상률을 보여주었다.[9] 특별히 잘 가르치는 교사가 있다는 건 전혀 놀라운 일이 아니다. 경찰관, 치과의사, NBA 농구 선수의 기량이 모두 똑같을 것이라 생각하는 사람은 없다. 교사 간 차이가 없다면 그게 더 이상한 일이다.

교사들 사이에 질적 차이가 있는 건 사실이다. 문제는 그 때문에 사람들이 학교가 불평등에 영향을 미치는 방식에 대해 왜곡된 이해를 가진다는 점이다. 교육의 질이 교사의 질을 뛰어넘지 못한다는 말은 많은 교육학 연구자에게 의심할 수 없는 진리처럼 여겨진다. 교사의 질이 학습 과정에 영향을 미치는 가장 중요한 **학교** 요인이라고 믿어버리면, 불평등의 근원도 가난한 아이들을 가르치는 교사의 무능력이라는 터무니없는 결론으로 이어질 수밖에 없다. 하지만 이 결론은 틀렸다. 그 이유는 앞서 1장에서 언급했듯, 아이들의 능력에서 나타나는 격차는 대부분 정규 학교 교육이 시작되기 이전에 이미 형성되었다는 점에 있다. 불평등의 진짜 근원은 초기 아동기 가정환경의 격차다.

학기 중에 발견되는 성취도 격차의 소소한 변화에 국한해서 살펴보아도 교사의 질은 주요 요인이 아니다. 스탠퍼드대학교의 경제학자 라지 체티[Raj Chetty]와 동료들은 공정한 교사 역량,

즉 교사가 어떤 학생들을 가르치는지가 아니라 교사가 실제로 어떻게 가르치는지 포착해 내는 측정 방법을 개발하는 데 상당한 노력을 기울였다. 이 목적에 부합하는 측정 방식을 개발하여 분석해 보니, 교사 역량과 학생 가족의 소득수준 사이에는 실제로 상관이 없다는 것이 밝혀졌다. 훌륭한 교사는 어디에나 있다는 결과를 보여준 셈이다.

그들은 다음과 같이 적고 있다. "교사의 질적 차이는 학생의 가구소득에 따른 성취도 격차를 아주 조금 설명해 줄 뿐이다. 횡단면 자료에서 부모 소득이 1만 달러 증가할 때, 8학년 당시 학업성취도(수학과 국어의 평균)는 0.065 표준편차만큼 증가한다. 교사 영향력과 교사가 만들어 낸 성취에서의 부가가치가 학생들의 부모 소득과 어떤 상관을 갖는지 추정해 보니, 8학년 학업성취도와 부모 소득 간 상관관계의 오직 4%만이 교사로 인해 발생한 부가 가치에 의한 것이었다. (…) 이러한 결과는 학업성취도 격차가 아주 어린 시절에 이미 발생한다는 결과를 보여주는 연구 증거와 일맥상통한다(Fryer and Levitt 2004; Heckman, Stixrud, and Urzua 2006). 이미 존재하는 성취도 격차 역시 상당 부분이 교사의 자질이 아닌 다른 요인에 의해 결정된다는 점을 시사한다."[10]

다시 강조하지만, 교사가 중요하지 않다는 말이 아니다. 교사는 정말 중요하다. 나쁜 교사 대신 좋은 교사를 만난다면 아이는 더 효과적으로 배울 수 있다. 다만, 학업성취도 격차가 발생하는 원인이 교사의 질적 차이에 있지 않다는 것이다. 교사의 질은 우리가 생각하는 것보다 더 균등하게 분포되어 있다. 아이들의 학교 밖 환경을 보다 잘 반영하는 측정 방법을 사용할수록 고소득층 백인 아이들이 주로 다니는 학교가 저소득층 흑인 아이들이 주로 다니는 학교보다, 적어도 국어와 수학에 있어 더 나은 학습 기회를 제공한다는 증거는 찾기 어렵다.

끝으로 2장에서 살펴본 SES에 따른 학업성취도 격차는 아이들이 학교에 다닐 때보다 다니지 않을 때 더 빨리 벌어지는 결과를 다시 생각해 보자. 이 결과는 잘사는 아이일수록 더 좋은 교사에게 배운다는 시각과 배치되는 결과다. 잘사는 집 아이들이 만나는 교사가 더 훌륭하다면, 왜 격차가 학기 중에 더 커지지 않는지를 설명할 수 있는 다른 학교 요인이 존재해야만 한다.

(6) 다른 자료에서도 같은 결과가 재현되는가?

계절 비교 연구가 가능한 「ECLS-K: 1998」의 2010년 버전이 새로 공개되었다. 우리가 2008년 논문에서 보고한 도발적인 결과가 새 버전의 자료에서도 그대로 발견될지 확인할 기회였다. 데이비드 퀸, 멀리사 앨카라즈^{Melissa Alcaraz}와 함께 새 「ECLS-K:

2010」자료를 이용하여 같은 질문에 대한 답을 찾아보기로 했다.

잘사는 백인 아이들이 주로 다니는 학교와 가난한 흑인 아이들이 주로 다니는 학교가 비슷한 학습 기회를 제공하고 있을까?[11] 답은 "그렇다"다. 2010년 자료도 1998년 자료와 같은 결과를 보여주었다. 새로운 「ECLS-K: 2010」는 기존 자료보다 계절 비교 연구를 하기에 더욱 용이하다. 이전 버전에서 학교에 나오지 않는 기간은 한 번의 여름방학 결과로만 확인할 수 있었던 것과 달리, 3년간 두 번의 여름방학에 걸쳐 조사하여 학교의 영향력을 더 안정적으로 관찰할 수 있게 되었다. 또한 앞서 언급했던 척도 간격 측면에서도 좀 더 발전한 형태였다. 이렇게 우리는 전국적으로 대표성을 가진 두 개의 자료에서 동일한 결과를 관찰할 수 있었다. 잘사는 아이들이 다니는 학교나 가난한 아이들이 다니는 학교나 학교가 제공하는 학습에서는 거의 차이가 없었다.

(7) 유치원부터 2학년까지만 나타나는 결과 아닌가?

영향력으로 측정한 경험적 결과는 상대적으로 어린아이들에게서만 검증되었다. 아이들이 더 성장한 이후에도 같은 결과가 나타날지 아직 모른다. 어쩌면 고학년에서는 다른 양상이 발견될 수 있다. 부유한 아이들이 다니는 학교가 가난한 아이들이 다니는 학교보다 더 많은 학습을 확실하게 제공하는 결과가 나타날 수도 있다.

이런 우려에 대해 지금으로서는 딱히 답이 없다. 하지만 현재 우리가 가진 지식을 바탕으로 예측하면 어린아이들에게서 발견된 영향력 결과가 학년이 올라가도 그대로 이어질 가능성이 크다. 이렇게 말할 수 있는 건 앞서 〈그림 2.1〉에서 봤듯이 성취도 격차가 학기 중에는 커지지 않기 때문이다. 〈그림 2.1〉은 유치원에서 2학년까지 영향력 결과와 잘 부합한다. 우리가 분석에 포함한 학년보다 높은 학년에서도 같은 결과가 나오지 않을 이유가 없다. 성취도 격차 자체가 안정적으로 고학년까지 유지되는 상황에서 고학년이 되었다고 갑자기 영향력으로 측정하여 다른 양상이 발견된다면, 그게 오히려 이상한 일이다.

(8) 그래도 영향력 연구를 믿지 못하겠다면?

학교와 학교 밖 환경은 너무 긴밀히 얽혀 있어 그 둘의 영향력을 구분하기가 불가능하다고 비판하는 사람들도 있다. 가정에서 일어나는 일은 학교에서 배우는 능력에 영향을 미친다. 학교에서 일어나는 일도 아이들이 가정에서 경험하는 일에 영향을 미친다. 학교, 가정, 거주지역은 모두 얽혀 있어 연구자들이 학교 효과만 깔끔하게 분리해 내기는 어렵다. 이 일이 어렵다는 건 반박할 수 없다. 하지만 이렇게 주장하고 싶다. 아이들이 학교에 다니지 않는 기간과 학교에 다니는 기간에 보여주는 성취가 어떻게 변하는지를 살펴보는 영향력 연구 방법이 다른 방법에 비해서는 훨씬 성공적으로 그런 우려를 불식시킬 수 있다((부록 B)에 계절 비교 방법에 대해 좀 더 자세히 설명했으니 참고 바란다).

그럼에도 영향력 연구 방법이 너무나 새로운 접근이라 기존 부가가치 모형으로 학교를 평가하는 방법이 믿을 만하다고 느끼는 사람들이 있다. 흥미롭게도 영향력 모형이 아니라 부가가치 모형으로 평가하더라도 거의 같은 결론이 나온다. 체티의 교사 질 연구와 더불어, 매스매티카Mathematica* 의 연구팀도 "저소득층 학생들도 역량 있는 교사에게 배울 수 있는 기회를 평등하게 갖고 있을까?"라는 질문을 던져 부가가치 모형(성장률 모형)을 개발했다.[12]

연구팀의 결론은 이렇다. 저소득층 아이들을 가르치는 교사들의 상대적 역량의 평균은 50백분위인데, 고소득층 아이들 교사들의 경우 아주 미세하게 높은 51백분위다. 대부분의 사람들이 생각하는 것에 비해 너무 미미한 차이다. 결국 학교 효과를 최대한 식별해 내도록 개발한 정교한 방법으로 분석하는 연

---

* 자료 분석을 바탕으로 한 정책 관련된 자료와 자문에 특화된 미국의 민간 정책 연구소.

학교의 재발견

구로부터 얻을 수 있는 최선의 결론은 부유한 아이들과 가난한 아이들 간 학교를 통한 학습 기회의 차이는 없거나 아주 미미하다는 것이다. 나는 영향력 방법이 학교 안에서 발생하는 일을 평가하는 최선의 방법이라고 생각하긴 하지만, 만일 당신이 내 생각에 설득되지 않았다면 정교하게 구현된 성장률 모형 연구 역시 같은 결과를 보여준다는 점을 명심하길 바란다.

'실패한' 학교에 대한 오해

우리는 부유한 아이들이 다니는 학교가 가난한 아이들이 다니는 학교에 비해 더 잘 가르치고 더 많이 가르칠 거라 기대한다. 부유한 아이들이 다니는 학교는 평균 시험 성적도 더 높다. 하지만 여러분은 이번 장에서 놀라운 이야기를 들었다. 사실은 가난한 아이들이 많은 학교가 잘사는 아이들이 많은 학교에 비해 학교가 제공하는 학습 기회와 역량에 있어 딱히 뒤떨어지지 않는다. 가난한 아이들은 엉망인 학교에 다녀 부유한 아이들에 비해 성취와 학습이 뒤떨어진다는 것이 기존의 주류 담론이었다. 이젠 더 정확한 현실을 이해하자. 가난한 아이들은 유치원 입학 때 이미 잘사는 아이들에 비해 뒤처진 채로 들어오고, 막상 학교에 다니기 시작한 이후에는 더 뒤떨어지지 않는다.

어떤 학교가 더 잘 가르치는지에 대해 우리는 생각보다 아는 게 별로 없다. 난 오하이오주의 마운트 버넌 지역 학군에서 학교에 다니는 우리 아이 둘을 유심히 관찰해 오고 있다. 아이들 선생님들과 면담도 하고, 교실에도 가보고, 몇몇 교사나 행정직원과도 개인적으로 친해지면서 학교를 들여다보지만, 아직도 우리 아이들 학교가 학습 역량 측면에서 평균 이상인지 이하인지 통 감을 잡을 수 없다. 다들 지역 학군 내 학교 중 어디가 '좋은' 학교이고 '나쁜' 학교인지를 자신 있게 말하지만, 우리는 대부분 학교가 영향력 측면에서 얼마나 잘하고 있는지 모른다. 사실 별로 놀라운 일은 아니다. 교실 안에서 일어나는 일을 이해하려면 폭넓은 관찰과 어떻게 하는 게 가장 좋은 교육 방식인지에 대한 깊이 있는 지식이 필요한데 이는 우리가 일반적으로 가진 정보 수준 범위를 뛰어넘기 때문이다.

시장에 기반한 학교 개혁을 주창하는 사람들에게 이러한 이야기는 암울한 함의를 갖는다. 시장에 기반한 학교 개혁 주장의 핵심은 부모에게 학교 선택권이 주어지면 학교 관리자와 교사는 더 효과적인 학습을 제공하는 학교가 되도록 노력하는 유인이 작동하는 방향으로 압력을 받게 될 것이란 논리다. 하지만 학교 개혁을 이렇게 바라보는 것은 부모가 학교의 질에 대한 정보를 제대로 제공받고, 그 정보에 기반하여 선택한다는 가정이 필요하다. 영향력 연구에 따르면 학교 성취도 수준은 물론 성장률에 대한 정보도 학교 역량을 정확히 보여주지 못하는 측정 기준이다. 그릇된 정보에 의존하는 경우 부모들은 잘못된 방향으로 결정을 내릴 수 있다. 괜찮은 학교에 다니던 아이를 그렇지 않은 학교로 옮겨 보내는 식이다.

이렇게 부정확한 정보를 바탕으로 하는 학교 개혁은 비효율적인 결과를 가져올 수 있고, 최악의 경우 실패하는 학교에 보상을 주고 성공하는 학교에 제재를 가하게 될 가능성이 있다. 안타깝게도 시장에 기반한 학교 개혁은 인종과 소득에 따른 학교 분리를 심화할 수도 있다.[13] 부모가 자녀의 학교를 선택할 때, 그 학교의 국어나 수학 성취도를 영향력 모형으로 분석해 학교의 역량에 따라 결정하지 않는다. 대신 어느 학교가 좋은지 친척이나 친구, 직장 동료에게 물어본다. 결국에는 실제 학교의 질과는 관계없이 부유한 아이들끼리 학교에 다니게 된다.

가난한 아이들이 다니는 학교 중에 영향력 결과가 엉망인 학교가 없다는 말은 아니라는 점도 강조하고 싶다. 〈그림 4.1〉을 보면 성취도 기준으로 '실패한' 학교 중에는 성장률이나 영향력을 기준으로도 '실패한' 학교들이 있다. 따라서 가난한 지역에 엉망인 학교가 있느냐 묻는다면 그 답은 '그렇다'다. 하지만 던져야 할 질문은 '가난한 아이들이 다니는 학교가 부유한 아이들이 다니는 학교에 비해 아이들의 배움을 촉진하지 못하는가'다. 이 질문에 대한 답은 '아니다'다. 공정하게 평가해 보면 가난한 아이들이 다니는 학교 중에서 우리 생각보다 잘하고 있는 학교가 훨씬 많고, 부유한 아이들이 다니는 학교 중에서도 우리 생각보다 별로인 학교도 많다. 다만 이런 결과는 그 학교에 어떤 특성을 가진 학생들이 다니는지로 포상을 주거나 제재를 하지 않도록 하는 평가 기준을 성립할 때 발견할 수 있다.

가난한 아이들이 다니는 학교는 아이들이 가정에서 감당해야 할 불리한 여건 속에서도 부유한 아이들의 학교에 뒤처지지 않는 학습 성장률을 이뤄내고 있다는 점을 다시 한번 생각해 보자. 그렇다면 사실상 학교가 부유한 아이들보다 가난한 아이들에게 뭔가 **더** 많은 것을 해주고 있다고 볼 수 있다. 학교가 불평등을 줄인다는 생각은 어쩌면 그럴듯하게 들리지 않을지도 모르겠다. 하지만 학교의 보완적 기능과 실천에 대해서 우리는 충분히 생각해 보지 않았다. 문제는 우리가 계속 학교 탓만 하고 있다는 점이다. 지금까지의 지배적인 관점이 우리가 학교에 대해 느끼는 직감과 더 맞아떨어지기 때문이다. 하지만 학교에 대한 우리 직감이 결정적인 경험적 근거와 배치된다면 모든 것을 다시, 새로운 방식으로 생각해 봐야 하지 않을까? 이어지는 2부의 목표는 그것이다.

2부

다시 생각해 보는 학교와 불평등의 관계

고소득층 백인 아이들이 많이 다니는 학교가 저소득층 소수인 종 아이들이 많이 다니는 학교에 비해 더 잘 가르칠 거라는 대전제[The Assumption]에는 심각한 문제가 있다. 앞서 1~4장에서 살펴본 경험적 양상을 제대로 설명하지 못한다. 인종 간 격차를 분석한 일부 연구는 학교를 불평등의 주범으로 지목하긴 하지만 그렇다고 학교와 관련한 이야기가 달라지진 않는다. 새로운 경험적 증거가 발견되면 우리 생각을 살짝 수정하는 것으로 그칠 때도 있지만, 때로는 사고방식의 근본적인 전환이 필요하기도 하다. 학교에 대한 경우는 후자다. 1부의 결과는 학교와 불평등의 관계에 관해 기존의 지배적인 시각을 가진 다수의 사람을 짜

증 나게 하는 수준을 넘어 그 이상의 변화가 필요하다는 점을 역설한다. 근본적으로 학교와 불평등의 관계를 새롭게 바라보라 제안한다.

1966년 콜먼 보고서는 아이들의 인지 능력 격차에서 학교의 역할은 중립적이라는 논쟁적인 주장을 펼쳤다. 이제는 너무나 유명해진 콜먼 보고서의 결론은 다음과 같다. "다른 발견은 부차적일 뿐 본 연구의 핵심 함의는 하나입니다. 아이들의 학업 성취도에 있어 각자의 배경이나 사회적 맥락과 학교는 독립적 관계를 보여줍니다. 다시 말해 학교는 아이들의 성취도에 거의 영향을 미치지 않습니다. 가정과 거주지역, 또래 환경이 만들어내는 불평등이 아이들이 학교를 졸업한 후 직면하는 불평등으로 이어집니다."[1]

콜먼은 당시 기준으로는 최선의 사회과학적 방법론을 적용하여 분석했다. 하지만 지금 우리에게는 자료를 분석할 수 있는 더 발전된 방법이 있다. 콜먼의 연구를 비판하는 사람들은 그의 분석이 한 시점에서만 관찰되는 상관관계에 의존하고 있고, 학교 간 요인과 학교 내 요인을 구분해 내지 못하는 한계가 있었다고 지적한다. 콜먼의 연구가 학교 효과를 제대로 분석하지 못했다고 한다면, 학교는 콜먼의 주장보다 훨씬 더 불평등에 기여한다는 의미다.

학교의 재발견

콜먼의 연구에 오류가 있긴 하다. 그러나 전반적인 결론은 옳다. 콜먼이 틀린 건 학교의 보완적 역할을 충분히 고려하지 못했다는 점이다(이 부분은 6장에서 설명하겠다). 최신 방법론으로 분석해 얻은 결론은 학교가 콜먼 생각보다 불평등을 더 강화시킨다는 것이 아니다.[2] 콜먼이 생각한 것 이상으로 학교는 불평등을 완화한다. 적어도 불평등에 관해서라면 학교는 콜먼의 생각보다 나쁘기는커녕 그 반대다. 더 좋다.

그렇다면 이제 학교와 불평등의 관계를 어떻게 생각해야 할까? 내 대답은 이렇다. 학교는 불평등을 만드는 주범이라기보다는 불평등한 현실을 반영할 뿐이며(5장), 불평등을 더 심화하기보다 취약한 아이들의 불리함을 보완하여 불평등을 완화하는 기능을 한다(6장). 내 주장의 요지는 학교가 불평등에 기여하는 역할이 우리 기존 생각과 다르다는 데 있다. 특히, 인지 능력에 대한 불평등에서 학교의 보완적 기능이 더욱 두드러진다. 학교가 어떤 방식으로 불평등에 관여하는지 제대로 파악하는 일은 중요하다. 그래야 불평등을 효과적으로 줄이는 방안을 마련할 수 있다. 2부에서 사람들이 왜 그토록 학교가 불평등을 만들어내는 원인이라는 '대전제'에 집착하는지 톺아보고(7장), 이런 오류로 인한 비용이 얼마나 상당한지 설명하려는(8장) 이유가 여기에 있다.

⑤

학교는 불평등을 낳는 게 아니라 반영할 뿐

학교는 불평등을 낳는 곳이라기보다 불평등이 드러나는 곳이다. 학교는 불평등을 만들어 내기보다 반영하는 측면이 더 많다.

그러나 이 장에서 내가 보여줄 이런 입장은 학교들이 확률상 대체로 그렇다는 것으로 이해될 필요가 있다. 일부 학교는 불평등을 유발하기도 한다는 의미다. 학교는 완전히 수동적이기만 한 것이 아니다. 이 장에서는 학교가 불평등을 확대하는 메커니즘에 대해 살펴보며, 학교가 불평등의 주범이라는 관점이 어떻게 유지되어 지배 담론이 될 수 있었는지 이야기한다.

내가 말하고자 하는 바는 그런 학교의 불평등 유발 메커니즘들이 존재하는 것은 맞지만, 그럼에도 부유한 아이들과 가난한 아이들 간 인지 능력 격차가 학교 탓이라는 대전제는 틀렸을 수 있다는 것이다. 그 이유는 두 가지다. 첫째, 막상 정교하게 분석해 보면 학교가 학업성취도 격차에 미치는 영향력은 예상보다 미미하다. 둘째, 흔히 간과되곤 하지만 학교에 불평등 강화 메커니즘들이 존재하더라도, 불평등을 완화하는 보완적 메커니즘이 더 압도적으로 작동한다.

학교가 불평등을 낳는 방식

미국의 학교들이 불평등을 확대하게 할 만한 몇 가지 특성이 있다. 먼저, 학교 재정이 지방세에 기반하고 있다는 점이다. 학교 재원에서 지방세에 의존하는 비율이 높다면 부유한 학군은 가난한 학군보다 더 넉넉한 재원을 누리게 된다. 현재 미국의 몇몇 주에서는 학교 재정에서 지방세 의존이 높아 부유한 아이들이 다니는 학교와 가난한 아이들이 다니는 학교 간 자원 차이가 존재한다. 그 차이가 상당한 경우도 있다. 여기에 더해 교사들은 가급적이면 가난한 학교에서 근무하기를 선호하지 않는 바람에 가난한 학교가 좋은 교사를 채용해 오랫동안 함께하기 어렵다. 게다가 아이들의 학습에 중요한 또래 집단의 구성에서도 차이가 생긴다. 대학 진학을 목표로 하는 친구들과 함께 학교에 다니는 것처럼 학습 동기를 고취하는 환경도 부유한 학교만 전유하게 된다.

학교에서 제공하는 교육과정의 차이도 학교가 불평등을 유발하는 또 다른 방식이다. 가난한 아이들이 주로 다니는 학교에서는 대체로 단순 암기식 학습을 장려하는 반면, 부유한 아이들이 다니는 학교에서는 종합적 사고, 평가, 창의성, 지도력과 같은 능력을 더욱 강조한다. 경제학자 새뮤얼 보울즈Samuel Bowles와 허버트 긴티스Herbert Gintis는 학교라는 제도가 이러한 방식으로 가난한 아이들을 노동계급 일자리에 순응하는 종사자로, 부유한 아이들을 경영자로 키워내는 것이라 주장했다. 여기에 더해, 진 애니언Jean Anyon에 따르면 엘리트 계층 아이들이 주로 다니는 학교에서는 학생들이 스스로 지식을 생산할 수 있다고 여기는 반면, 노동계층 아이들이 다니는 학교에서는 지식이란 그저 다른 사람이 부여하는 어떤 것으로 여겨진다.[1]

학교에서 흑인이나 사회경제적 지위가 낮은 아이들이 백인 혹은 사회경제적 지위가 높은 아이들만큼 대우받지 못할 가능성도 학교를 불평등의 주범으로 지목할 만한 합리적인 이유가 된다. 대표적인 우려는 교사 대부분이 백인 중산층 출신이라 가난한 학생의 행동이 교사의 기대와 어긋나기 쉽다는 점이다. 교사들은 자신의 기대 수준에 미치지 못하는 가난한 아이를 반항아라고 성급하게 결론 내린다. 이런 어긋남은 가난한 학생들이

학교의 재발견

실제로 무엇을 잘못했는지가 아니라 교사들이 그 학생들을 어떻게 간주하는지를 반영한다. 이런 문화적 불일치는 교사의 왜곡된 시선을 반영하는 정도와 비례하며 학교가 비난받는 전형적인 이유로 자리 잡았다. 예를 들어, 테네시의 STAR^{Student Teacher} ^{Achievement Ratio} 실험* 결과를 생각해 보자. 유치원부터 초등학교 3학년까지 학생과 교사를 무작위로 배정했으나 흑인 학생이 흑인 교사를 만난 경우가 그렇지 않은 경우에 비해 고등학교를 졸업할 가능성이 7%, 대학교에 입학할 가능성이 13% 더 높은 것으로 나타났다.[2]

열악한 SES를 가진 아이들이 학교에서 불공평하게 대우받을 것으로 의심하는 데는 다른 이유도 있다. 이 아이들은 학습장애로 분류될 가능성도 크고 다른 학생들에 비해 징계도 자주받는다. 우수반에 배정되거나 우등생으로 지목되거나 AP과목을 수강하는 것에서도 불리하다. 학교가 사회의 불평등 양상을 그저 반영하는 것을 넘어 어느 수준까지 직접 유발하는지는 분명치 않다. 불리한 사회경제적 배경 출신 남학생이 문제 행동을 더 많이 하기 때문에 징계를 더 많이 받는 것은 사실이라 해도, 학교는 잘못된 행동 이상으로 처벌하는 경향이 있다고 주장하

---

* 학급당 학생 수를 줄이는 것과 보조교사를 투입하는 것 중 어떤 방식이 학생들의 성적을 향상하는 데 더 유리한지 알아보기 위해 1985~1986학년도부터 4년 동안 테네시주에서 시행한 대규모 실험.

는 학자들도 있다.[3]

　교사의 질(역량)이 학교가 불평등을 유발한다는 생각이 들게 하는 가장 큰 원인일 것이다. 좋은 학교에 훌륭한 교사들이 더 많다는 주장에는 근거가 있다. 부유한 학교에서보다 가난한 학교에서 가르치는 일이 더 어렵다. 가난한 아이들은 입학할 때부터 학습적으로 덜 준비된 채 시작하고, 문제적 행동은 더 많이 하고, 건강 상태도 취약하다. 결석도 더 잦고, 학교를 더 자주 옮기는 경향이 있으며, 가정으로부터 교육적 지원을 충분히 받지 못한다. 가난한 아이들을 가르치는 일은 상대적으로 더 고되기 때문에 능력 있는 교사들은 부유한 학교를 선호한다. 상대적으로 능력이 부족한 교사들은 어쩔 수 없이 가난한 아이들이 많이 다니는 학교로 밀려나게 된다. 〈슈퍼맨을 기다리며〉라는 다큐멘터리에서는 가난한 지역 학교 교장들끼리 무능한 교사를 서로 주고받는 과정을 '레몬의 춤dance of the lemons'이라 묘사한다.

　이렇게 다양한 이유와 방식으로 학교는 불평등을 발생시키고 심화할 수 있는데 어떻게 지배 담론이 잘못되었다고 할 수 있을까? 내가 학교를 옹호할 수 있는 이유 중 하나는 불평등을 심화시킨다는 학교 특성의 영향력이 생각보다 미미하기 때문이다. 사람들이 주목하는 학교 재정, 교사의 질(역량), 수준별 학습을 살펴보자.

미국에서는 1970년대 **세라노 판결**Serrano v. Priest 이후 대부분의
사람들이 생각하는 것에 비해 학교 예산이 평등하게 분배되고
있다. 오하이오주립대학교의 학부생들에게 고소득 지역 학군의
교육 지출 비용이 저소득 지역 학군의 교육 지출 규모에 비해
얼마나 더 클지 추정해 보라고 하면, 학생들은 고소득 학군 지
출이 2~3배 더 높다고 대답한다. 그러나 실제 차이는 훨씬 적
다. 오하이오에서 고소득 아이들이 많은 학군(상위 25% 학교들)은
2012년 아동 1인당 평균 1만 1,892달러를 지출했고, 저소득 아
동이 많은 학군(하위 25% 학교들)은 1만 293달러를 지출했다. 부
유한 학교라고 해도 학교 재정 지출은 13.4% 더 많을 뿐이다.

오하이오주가 유난히 평등 지향적인가? 그렇지 않다. 오하
이오는 미국에서 가장 불평등한 주로 꼽힌다. 놀랍게도 미국 전
체로 보면 고소득 학군과 저소득 학군 간 학생 1인당 교육비 지
출 평균 차이는 2012년 기준 193달러였다(1.7%). 절반 이상의
주에서 부유한 지역보다 빈곤 지역에 더 많은 교육비를 직접적
으로 지원하고 있다.[4]

잘못된 정보라 생각할지도 모르겠다. 확실히 부유한 학교
가 누리는 재정적 풍요가 더 커보인다. 종종 실제로 그런 경
우가 없지는 않다. 예를 들어 콜럼버스Columbus 지역의 경우 좋
은 학군이라 하면 백슬리Bexley, 어퍼 알링턴Upper Arlington, 워싱

턴[Worthington]을 꼽고, 콜럼버스 시내 학군은 최하위권으로 평가한다. 그렇다면 학군마다 지출하는 학생당 예산은 어느 정도일까? 어퍼 알링턴 학군과 콜럼버스 시내 학군의 경우 우리가 예상하는 대로다. 어퍼 알링턴 학군이 더 많은 교육 비용을 지출한다. 하지만 이 경우에도 그 차이는 예상보다 작다. 2011-2012학년도 학생 1인당 교육비 지출 비용이 어퍼 알링턴의 경우 1만 5,157달러였으며 콜럼버스 시내는 1만 4,613달러였다. 벡슬리의 경우는 1만 4,348달러였고, 워싱턴은 1만 3,367달러로 콜럼버스 시내 학군보다 오히려 더 적게 지출하는 것으로 나타났다.[5]

학생 1인당 교육비 지출이 학교 재원을 평가하는 완벽한 지표는 아니다. 학교 재정이 동일한 경우라도 학교 건물이 노후했다면 유지 비용이 더 많이 들어 학생들에게 돌아가는 실제 교육 비용은 더 작아질 수 있다.[6] 부유한 학부모가 많은 학군은 학부모 모임에서 모금 활동을 통해 추가적인 재원을 얻을 수 있는 여지가 상당히 많다. 저소득층 학생들이 대다수인 학교는 이런 수입원이 제한적이다. 그럼에도 학교 재정에서 나타나는 학교 간 전반적인 차이는 생각보다 훨씬 작다.

이번에는 교사의 질(역량)이 학교 간 불평등 확대에 어떤 역할을 하는지 생각해 보자. 교사의 질은 아이들의 학습에 가장 주요한 영향을 미치는 학교 특성이다. 부유한 아이들이 대부분인 학교에 다니는 경우 가난한 아이들이 다수인 학교에 다니는 경우에 비해 국어와 수학 성취도가 더 높다는 것은 사실이다. 그러나 이 차이는 교사 역량과는 별 관련이 없다는 게 이미 밝혀졌다.

앞선 1~4장의 교훈을 다시 정리해 보자. 가족의 사회경제적 지위에 따른 학업성취도 격차의 대부분은 유치원 입학 이전에 형성된다. 일단 학교에 들어가면 학기 중에는 부유한 아이나 가난한 아이 모두 비슷한 속도로 학습하며 인지 능력 수준이 향상한다. 앞서 설명한 아이젠버그 연구팀이나 체티 연구팀 결과에 따르면, 부유한 아이를 가르치는 교사나 가난한 아이를 가르치는 교사 사이에 질적 역량 차이는 미미하다. 아이젠버그 연구팀은 부유한 아이가 가난한 아이에 비해 교사로부터 배우는 학습량의 차이가 겨우 1분위 수만큼, 체티 연구팀은 소득에 따른 성취도 격차 중 4%만이 교사의 질적 차이 때문이라는 점을 보여줬다.[7] 4장에서 소개한 내 연구에서도 부유한 아이들이 다니는 학교나 가난한 아이들이 다니는 학교나 학교에서 배우는 학습량을 영향력으로 측정한 결과 거의 동일한 것으로 나타났다. 교사들의 질적 역량이 천차만별인 점은 사실이지만, 부유한 아이들이 다니는 학교와 가난한 아이들이 다니는 학교 어디에나 유능한 교사도 있고 유능하지 않은 교사도 있다. 그리고 유능한 교사는 생각보다 훨씬 고르게 분포되어 있다.

수준별 학습도 불평등을 확대하는 데 중요한 역할을 한다. 부유한 아이들이 불공정한 방식을 통해 우수 학습반에 배정되고, 그 결과 더 나은 학습 기회를 누릴 수 있기 때문이다. 그런데 자세히 들여다보면 수준별 학습이 불평등을 실제로 촉진하는지는 분명하지 않다. 국어 성취도 수준이 비슷하더라도 가족의 사회경제적 지위가 더 높은 아이가 우수반에 배정될 가능성이 크다는 연구 결과가 있다. 그러나 국어 성취도가 아이의 타고난 능력을 완벽하게 측정했다고 볼 수 없기에 이 과정에 차별이 있었다고 단언하기는 쉽지 않다. 반 배정 때 교사들은 학생의 잠재력을 더 공정하게 평가할 수 있는 여러 정보를 추가적으로 활용하곤 한다. 우수반에 배정된 아이들과 일반 학급에 있는 아이들을 한 학년간 비교해 보면, 우수반 아이가 더 많은 학습을 성취하는 결과를 보여줄 수도 있다. 그렇게 된다면 이는 학교가 불평등을 유발한다는 주장의 근거가 된다. 하지만 여기에는 9개월의 학기 중 경험과 3개월의 방학 중 학교 밖 경험이 모두 반영되어 있으니 발견된 모든 격차의 변화를 학교 때문이라 할 수는 없다.

다만 학교 재정, 교사 역량, 수준별 학급 운영 등 특정 학교 요인이 불평등을 강화시킨다는 작은 결론이 모이더라도 학교가 불평등을 유발하는 기관이라고 할 수 없다. 가장 큰 이유는 종합적으로 살펴보면 지금까지의 이야기가 전체 그림의 절반에 불과하기 때문이다. 학교에는 불평등을 줄이는 요인과 방식 역시 존재한다. 하지만 이런 이야기는 듣기가 더 어렵다. 학교가 어떻게 불평등을 완화하며 보완적 역할을 하는지는 6장에서 자세히 다룰 예정이다.

학교는 바깥 사회의 '거울'이라는 증거 두 가지

학교가 불평등을 발생시킨다는 주장과 반대로 학교는 학교 밖에서 유래한 사회 불평등을 반영하는 쪽에 가깝다는 관점에서 생각해 보자. 어떻게 학교가 학교보다 바깥 사회를 반영하는지 알기 위해서는 다음 두 가지 사례를 살펴보는 것이 도움이 될 것같다. 하나는 비교문화적 사례고, 다른 하나는 역사적 사례다.

먼저 비교문화적 사례를 살펴보자. 퍼먼대학교 사회학과 조교수인 조지프 메리Joseph Merry는 만 15세 학생을 대상으로 조사하는 국제 학업성취도 평가(PISA)의 국어 성취도를 분석한 결과, 캐나다 아이들이 미국 아이들보다 0.30 표준편차(거의 1년 치 학습량)만큼 앞서 있음을 발견했다.[8] 메리 연구가 뛰어난 통찰력을 발휘한 부분은 PISA에 참여한 학생들과 동 시기에 태어난 아이들이 공교육기관에 입학하기 이전의 능력에서 양국 아이들

간 차이를 평가했다는 점이다. 메리는 입학 전 시기인 만 4~5세에 치러지는 피바디 어휘력 시험(PPVT)에서 미국과 캐나다 아이들 사이에 이미 만 15세 때와 비슷한 0.31 표준편차만큼의 격차가 나타나 있음을 발견했다.

댄 주베리Dan Zuberi는 만 4~5세 미국 아이들이 같은 나이 캐나다 아이들보다 어휘력 수준이 뒤처지는 이유를 알아보는 연구를 수행했다. 주베리의 연구에 따르면 미국에서 가난한 삶을 산다는 건 캐나다보다 훨씬 더 고달프다.[9] 주베리는 밴쿠버와 시애틀에 위치한 같은 기업의 두 대형 호텔 노동자를 비교했다. 주베리가 만난 사람들의 차이는 한 집단은 캐나다에 살고 다른 집단은 미국에 살고 있다는 것뿐이다. 주베리는 하우스키핑, 세탁, 도어맨, 바텐더같이 최저 수준의 시급을 받는 말단 노동자의 경우 여러 가지 이유로 밴쿠버가 살기 낫다고 말한다. 그 이유 중 하나는 캐나다 노동자에게는 자신들의 이익을 대변하는 노동조합이 있을 가능성이 더 크기 때문이었다. 노동조합은 제2차 세계대전 이후 두 나라에서 비슷한 힘을 가지고 있었지만, 미국에서는 시간이 흐르며 쇠락한 반면 캐나다에서는 그렇지 않았다. 시애틀이 위치한 워싱턴주는 미국 내에서 노동 친화적인 지역으로 알려져 있음에도 노동조합에 가입한 노동자 비율이 18%에 불과했다(캐나다는 30%다).

주베리는 높은 노조 가입률은 개인 선호의 결과라 보기 어렵다고 주장한다(실제로 노조에 대한 지지율은 캐나다인보다 미국인 사이에서 더 높다). 주베리는 정책 차이에 따른 결과라 해석한다. 미국의 경우 노조 결성 투표에 앞서 장기 캠페인을 필수적으로 하게끔 되어 있다. 이 캠페인 기간 동안 경영진은 노조 지도자와 지지자를 차별하면서 노조의 결성 노력을 방해한다. 이와 대조적으로 캐나다에서는 노조 구성이 수월하고, 노조에 대한 공격 기회도 최소화되어 있다. 노조 조직화 수준의 차이에 따른 결과는 결코 사소하지 않다. 노동조합의 조직화는 캐나다인이 미국인에 비해 더 나은 임금과 근로조건, 고용 안정성을 누릴 수 있게 해줬다.

또한 캐나다 사람들은 보편적인 국민건강보험을 누리고 있지만 미국 사람들은 건강보험이 아예 없는 경우가 15%나 된다. 이는 사전 검사나 연례 정기검진 등 예방적 의료활동을 하지 않는 미국인이 많다는 의미고, 중장기적으로 미국인들의 건강에 문제가 생길 가능성을 키운다. 예방적 의료활동을 포기하면 나중에는 더 큰 비용을 지불하게 된다. 미국에서는 호텔 직원에게 건강보험을 제공하긴 하지만 건강보험이 제공되지 않는 6개월의 수습 기간이 있었다. 주베리 연구에 포함된 미국 노동자의 경우 약 4분의 1 정도가 건강보험이 없었다. 요약하자면 노조나 건강보험과 같은 정책적 차이로 인해, 캐나다 아이들은 취학 전에 미국 아이들보다 더 유리한 유아기 환경을 누리며, 더 잘 준비된 상태로 유치원에 들어가게 된다.

둘째, 역사적으로 보아도 미국 내에서 학업성취도 격차는 시간에 따라 변화해 왔다. 흑인과 백인 간 성취도 격차가 1980년대에 들어서며 30%가량 줄어들었다는 사실은 잘 알려져 있다. 많은 연구에서는 이런 고무적 결과가 흑인 부모의 전반적인 학력 수준 증가 덕분이라 본다. 또한 2장에서 언급했듯이, 리어던은 미국의 가구소득 기준 상위 10%와 하위 10% 간 국어 성취도 격차가 1970년대부터 1990년대 중반에 이르는 동안 40%나 커졌음을 보여줬다.[10]

학교 때문에 격차가 커졌을 가능성도 있다. 이 시기에 학교는 상당한 변화를 겪었다. 시험을 더 많이 보고, 학생들의 교육적 결과에 대해 학교 책무성accountability이 더 강조되었으며, 부모가 자녀의 학교를 선택할 수 있는 권리는 더욱 강조되었다. 연구자들에 따르면 인종에 따른 학교 분리school segregation 현상*이 심해진 경향은 차터 스쿨을 확대하고 학교 선택을 허용하는 제도

---

* 미국에서는 1896년 '평등하되 분리'하는 것을 원칙으로 한다는 플레시 판결 이후로 인종에 따라 서로 다른 학교에 다닐 수밖에 없었다. 1954년에 이르러서야 브라운 판결로 인종 분리 정책에 위헌 결정이 내려지고 분리 현상이 줄어들게 되었다. 그러나 거주지에 따라 학교를 배정하다 보니 여전히 소수인종이 다니는 학교와 백인들이 다니는 학교는 상당히 구별된다

적 변화와 관련이 있다.[11] 이러한 학교 제도의 변화가 불평등을 심화시키고 학업성취도 격차를 확대했을 가능성이 있다. 하지만 리어던은 학업성취도 격차의 확대는 가구소득 불평등이 증가한 결과라는 더욱 명백한 설명에 주목했다. 소득 불평등 증가가 성취도 격차가 확대된 유일한 요인은 아니겠지만, 소득과 인지 능력 간 연관성이 시간이 지남에 따라 커졌다는 결과를 보여주었다. 가난한 아이들은 부유한 아이들보다 항상 낮은 성취 수준을 보였으나 그 차이는 최근으로 올수록 더 커졌으며, 소득과 국어 및 수학 성취도 간 상관관계는 더욱 강해졌다는 의미다.

내가 하고자 하는 이야기의 핵심은 시간이 흐름에 따라 학교 밖 환경이 달라졌고 결과적으로 학교 내에서 관찰되는 성취도 격차 역시 확대되었다는 점이다. 지금까지 살펴본 국가 간, 그리고 역사적 비교 연구가 강조하는 바는 교육 불평등의 결과를 두고 손쉽게 학교 탓을 하지만 사실 학교가 아닌 더 큰 사회현상의 산물이라는 점이다.

이른바 '우수 학교'에 관한 진실

학생들 대부분이 가난한 가정 출신인데도 학업성취도가 향상되는 결과를 보여주는 학교가 분명 존재한다. 이런 학교에서는 어떤 일이 벌어지고 있을까? 학교를 제대로 개혁하면 성취도 격차 문제를 해결할 수 있음을 증명한 게 아닐까? 학교가 학교 밖 불평등을 반영하는 이상의 역할을 할 수 있고, 따라서 학교는 교육 불평등을 개선할 수 있다는 가능성을 보여준 게 아닐까?

이렇게 '뛰어난' 학교들, 가난한 아이들이 대부분이지만 성취도 수준이 높은 학교들에 대해 가장 먼저 주목해야 할 점이 있다. 일단, 그런 학교는 우리가 바라는 만큼 많지 않다. 종종 '뛰어난' 학교는 어떤 학교인지 분석하는 보고서를 볼 수 있다. 이 보고서를 주의 깊게 들여다보면 실은 애매하게 잘하는 수준이거나 심지어 별로 혹은 전혀 잘하지 않는 수준이라는 것을 알게 된다. 대개 학생들의 구성을 기반으로 기대할 수 있는 성취 수준에 비해 더 높은 성취도를 보여줄 경우 '뛰어난' 학교로 분류한다. 예를 들어, 입학 당시 성취도에 비해 4학년 때 평균적으로 더 높은 성취도를 보여준다면 '뛰어난' 학교가 된다.

문제는 성취도라는 것이 튈 때가 있기 마련이란 것인데, 학교의 평균 성취도 수준 역시 예외가 아니다. 설명하기 어려운 이유로 어느 학교의 특정 학년이 수학 교과에서 시험 점수를 한 번 높게 받으면 그 학교가 꽤 잘하는 것처럼 보일 수 있다. 어쩌면 그해에 수학을 정말 잘하는 4학년 학생들이 몇 명 있었을 수 있다. 아니면 교사들이 유별히 그해에 시험 대비를 효과적으로 했을지도 모른다. 학생들이 찍은 답들이 운이 좋아 잘 맞았을

학교의 재발견

수도 있고, 확실한 이유를 알아내기는 어렵다.

그 학교가 정말 '뛰어난' 학교라면, 높은 점수는 4학년이나 수학 교과나 특정 해에만 국한될 수 없다. 기대 성적보다 높은 실제 성적이 지속적으로 관찰되어야 한다. 그러나 어느 학교가 '뛰어난'지 종합적이고 일관된 방식으로 확인해 보면, 괄목할 만한 성취를 보이는 학교 중 가난한 아이들이 주로 다니는 학교 수는 별로 없다. 로스테인Rothstein은 '뛰어난' 학교 목록을 작성하며 연구를 시작했으나 기대보다 높은 성취를 거두는 학교 중 가난한 아이들이 주로 다니는 학교는 몇 개 없다는 것을 발견했다.[12]

심지어 이렇게 살아남은 '뛰어난' 학교라도 사기에 가까운 수준으로 과장된 사례가 있다. 열악한 가정환경의 흑인 학생들을 엘리트 대학교에 많이 보내기로 유명한 루이지애나의 T. M. 랜드리고등학교T. M. Landry School가 예가 될 수 있다. 대입에서 성공적인 사례가 많아지자 랜드리고등학교는 학생들이 합격 통지서를 받는 순간을 영상으로 찍어 홍보하기 시작했다. 한 학생이 하버드대학교 합격 통지를 받는 영상은 유튜브에서 조회 수가 800만 회를 넘었다. 그러나 이 학교는 학생들이 성장 과정 동안 겪은 어려움을 과장하여 가짜 자기소개서를 만들거나, 학생들이 실제로 수강하지 않은 과목의 성적표를 가짜로 만드는 등 불법적 조작을 광범위하게 벌여온 사실이 드러났다. 동화 같은 성

공담은 환상이었을 뿐, 오히려 많은 학생이 학교로부터 학대받고 있었다.[13]

몇 개 없긴 하지만 진짜로 '뛰어난' 학교, 진짜로 가난한 집 아이들이 높은 성취를 이룰 수 있도록 돕는 학교가 있다. 가장 설득력 있을 만한 근거를 원한다면, 이런 의미 있는 개혁을 이루어 낸 학교와 일반적인 공립학교 간 학생들을 무작위로 배정한 실험 연구를 통해서 가능하다. 개혁 실험이 이뤄진 학교와 그 대조군으로서의 일반 공립학교를 다니는 학생 특성이 인구학적 특성을 넘어 모든 측면에서 동일하다는 합리적인 확신을 할 수 있기 때문이다.

사례가 많지 않아도 '뛰어난' 학교에 주목할 가치는 분명히 있다. 개혁이 시행된 학교에 배정된 아이들이 일반적인 공립학교에 다닌 아이들보다 더 높은 학습 성과를 보여주었다. 예를 들어, 할렘 아동 구역Harlem Children Zone,[14] '아는 것이 힘이다' 프로그램Knowledge Is Power Program, 시카고대학교 부설 차터 스쿨[15]이 그렇다. 『야심 찬 초등학교The Ambitious Elementary School』라는 제목의 책에서 기술된 바와 같이, 학생들이 학교에 있는 시간을 늘리고, 교사 및 교직원 간 정보 공유를 확대하는 등의 학교 개혁 덕분에 시카고 내 공립학교에서 흑인 학생과 백인 학생 간의 성취 격차가 3분의 2 가까이 줄었다.[16] 보스턴 지역에는 '배움의 세계

학교의 재발견

로^{Opening the World of Learning}'(OWL)라는 이름의 문학 프로그램이 있는
데 이 프로그램을 도입한 유치원의 경우 흑인 아이들과 백인 아
이들 간 격차가 3분의 1 정도로 좁혀졌다.[17] 이런 무작위 배정
실험 결과는 학교가 성취도 격차를 실제로 줄일 수 있다는 가
장 강력한 증거다. 학교는 분명 불평등을 줄이는 데 **도움이 될
수 있다.**

어떤 사람들은 이런 '뛰어난' 학교의 성공 사례에서 정책적
당위를 끌어내고 싶어 한다. 소규모 실험 연구 결과가 증명해
낸 불평등 감소 학교 메커니즘을 사회 전반으로 확대하자는 것
이다. 적은 수의 학교에서 가난한 아이들의 성취도를 유의미하
게 향상시킨 개혁이 통했다면, 미국 전역의 모든 학교에게는 어
떨지 한번 상상해 보자.

소수의 학교에서만 성공을 거둔 학교 개혁을 전국 수준으
로 확대하면 미국 학생의 전반적인 학습 수준을 높이는 데는 성
과를 거둘 수 있을지 모르지만, 불평등을 줄이기 위한 차원에서
는 좋은 접근 방법이 아니다. '뛰어난' 학교들은 분명 대단하다.
나 역시 이런 학교들이 더 많아지면 좋겠다고 생각한다. 하지만
학업성취도 격차는 유치원에 들어가기도 전에 이미 형성되기
때문에 이런 접근은 필연적으로 사후 교정책일 수밖에 없다. 사
회적 차원의 불평등을 줄이는 최적의 수단이라고 보기 어렵다.

내가 말하고자 하는 핵심은 학교 개혁이 불평등을 줄이는 데 별 도움이 되지 않을 거라는 게 아니다. 가장 효과적인 방법은 아니라는 의미다. 취학 전 초기 아동기 환경에서 나타나는 커다란 불평등을 해결하여 애초에 성취도 격차가 발생하지 않도록 막는 편이 더 효과적인 접근이다.

불평등을 줄이기 위한 해결책을 학교에서 찾으려고 할 때 발생하는 또 다른 문제는 정치적인 것이다. 이에 대해서는 마지막 장에서 자세히 논의할 생각이다. 여기서는 짧게만 이야기해 보겠다. 현재 소규모 연구가 보여주는 학교 개혁으로 불평등을 줄일 수 있을 거란 기약은 항상 가난한 아이들이 학교에서 더 좋은 교육을 받도록 개입한 결과였다. 부유한 아이들에게는 그런 개입이 없었다. 학교 개혁으로 부유한 아이나 가난한 아이 모두에게 더 나은 학교 환경을 제공하여 성취도 격차가 줄어들었다고 보고하는 연구는 없다. 부유한 아이들을 제외하고 가난한 아이들을 대상으로만 개혁이 시행될 때 사회경제적 지위에 따른 성취도 격차가 줄어들 수 있다. 이런 방식의 학교 개혁을 사회 전반의 차원으로 확대함으로써 유사한 결과를 가져오려면 특정 집단을 배제하는 위험이 따를 수밖에 없다.

과소평가되어 온 초기 아동기의 중요성

학교가 불평등을 유발하기보다는 반영한다고 봐야 하는 이유 중 하나는 아이들 삶의 궤적이 형성되는 데 생애 초기 아동기가 생각보다 훨씬 더 중요하기 때문이다. 사회과학자들은 초기 아동기가 중요하다는 이야기를 수십 년간 해왔으면서도 학업성취도 불평등에서 초기 아동기의 중요성은 과소평가해 왔다.

아이의 삶에서 훗날 문제가 드러날 때까지 기다리는 것보다는 생애 초기에 개선하는 비용이 더 적게 든다. 헤크먼Heckman과 매스터로프Masterov는 무조건 저렴하기만 한 방법이 아니라 장기적으로 비용을 절감하기에 효과적인 방안을 몇 가지 제시했다.[18] 초기 아동기 중요성을 알린 가장 유명한 예이기도 한 '페리 취학전 교육 프로그램Perry Preschool Program'을 살펴보자. 이 프로그램에서는 매주 가정방문을 통한 교사-부모 상담을 포함하여 양질의 취학 전 교육 프로그램 혜택을 무작위로 선택된 아이들에게 2년 동안 제공했다. 페리 혜택을 받는 아이들은 27세가 되었을 때 문제 행동으로 경찰에 체포된 경험이 평균 2.3회였던 반면, 페리 혜택을 받지 못한 아이들은 평균 4.6회였다. 시라큐스대학교의 연구에서도 1년간 양질의 어린이집에 다닌 아이들은 성인이 되어 보호관찰 대상이 된 경우가 6% 정도였으나 그렇지 않은 아이들의 경우 22%인 것으로 나타났다.

양질의 취학 전 교육 프로그램 운영에는 상당한 비용이 든다. 페리 취학 전 교육 프로그램의 경우 1년에 아이 1인당 1만 9,162달러가 들었고, 시라큐스대학교 프로그램의 경우 2004년 기준으로 5만 4,483달러가 들었다. 엄청난 투자다. 그러나 종국적으로 돌아오는 혜택 역시 상당하다. 아이들이 성장하면서 수감되거나 복지에 의존하는 시간을 줄이고 대신 노동시장에 참여하여 납세로 기여하는 시간을 늘릴 수 있다.[19]

나도 헤크먼과 매스터로프의 생각에 동의한다. 우리는 초기 아동기에 투자하는 방향으로 나아가야 한다. 양질의 취학 전 공교육 프로그램을 만드는 것이 효율적인 사회적 투자이긴 하지만, 더 좋은 방법도 있다. 취학 전 프로그램은 대개 만 3~4세부터 시작하는데, 어쩌면 이조차 최적의 효과를 내기에 너무 늦은 것일 수 있다. 학업성취도 격차는 만 3세 이전에 형성되기 때문이다.[20]

취학 전 프로그램을 확대하여 사회경제적으로 불리한 아이들에게 도움을 주려는 시도보다 각 가정에 직접 현금을 지급하여 어려운 생활을 개선하도록 돕는 방식이 더 효과적일지도 모른다. 경제학자 그로버 화이트허스트Grover Whitehurst는 저임금자에게 세제 혜택을 주는 근로소득 세액 공제(EITC)와 취학 전 교육 프로그램의 경제적 효과를 비교했다. 아이 1명당 1,000달러를 지출할 때마다 근로소득세를 공제해 준 경우 국어 성적이 0.06~0.08 표준편차 증가했지만, 취학 전 교육 프로그램은 증가 폭이 0.01~0.02 표준편차에 그쳤다. 두 프로그램 모두 효과가 있었으나 근로소득세를 공제하는 직접적인 방식이 인지 능력 격차를 줄이기에 더욱 효과가 있었다.[21] 가난한 아이들의 학습 환경을 개선하는 가장 효과적인 방법은 빈곤에 시달리는 가정의 경제적 스트레스를 줄여주는 일이다. 헤크먼이 초기 아동기에 대한 공적 투자를 주장하는 대표적인 학자이기는 하지만 그가 제안하는 취학 전 공교육 프로그램 확대가 최적의 방법인지는 아직 분명하지 않다.

초기 아동기에 어떤 방식으로 투자가 이루어지는 것이 가장 효과적일지 아직 분명하진 않지만, 정책적 교훈은 분명하다. 조기 투자가 가장 큰 수익을 낼 수 있다는 사실에 기반한 정책이 필요하다. 조기 투자가 중요한 이유 중 하나는 헤크먼이 말한 바와 같이 "능력이 능력을 낳기" 때문이다. 초기 아동기에 배우고 습득한 능력은 더 복잡한 능력을 키워나가는 필수적인 자원이 된다. 곱셈을 이해하려면 덧셈을 먼저 알아야 한다. 일찌감치 잘못된 길로 들어서는 아이들은 이후 삶 내내 다른 아이들의 꼬리만 쫓아가게 된다. 그러므로 초기 아동기에 발생하는 격차를 해소하는 일에 착수하는 것이 최선이다.

학교 탓은 줄이고, 취학 전 아동기에 더 집중하기

학교는 홀로 존재하는 것이 아니라 사회라는 큰 맥락 내에 있음을 인식할 때 비로소 학교를 제대로 이해할 수 있게 된다. 학교 밖 맥락이 불평등하면 학교 안에서도 불평등이 관찰될 가능성이 크다. 학업성취도 격차처럼 학교 안에서 나타나는 불평등은 학교가 만들어 낸 것으로 혼동하기 쉽다. 그러나 사실 학교를 둘러싼 사회적 환경이 불평등해서 발생한 결과다. 이렇게 사회적 맥락 속에서 학교를 바라보는 것은 직관적으로 잘 와닿지 않을 수도 있다. 하지만 국가 간 학업성취도 격차나 시간에 따른 성취도 변화라는 비교적인 관점에서 관찰하면 수월하게 이해할 수 있다.

학교가 불평등에 책임 있는 부분은 사람들의 생각보다 훨씬 작다. 학업성취도 격차는 학교 여건이 불평등해서가 아니라 가정 여건이 불평등해서 발생한다. 아이들은 깨어 있는 시간의 대부분을 학교 밖에서 보내고, 가정은 학교보다 더 다양하고 불평등하므로 학교가 얼마나 불평등에 중요한지 파악하고자 할 때 가정환경은 교란 요인이 된다. 그러다 보니 연구자들은 서로 다른 학교에 다니는 아이들의 교육적 결과를 학교 탓으로 모는 실수를 너무나 자주 한다.

물론 학교가 사회의 불평등을 반영한다는 관점은 균형 감각을 필요로 한다. 학교가 사회를 완벽하게 반영하는 것은 아니다. 학교는 학교로 투영되는 불평등을 굴절시킨다. 줄이기도 하고 증폭시키기도 하면서. 그렇기에 우리가 가난한 아이들의 학업적 능력을 향상시켜 성취도 격차를 성공적으로 줄인 학교의 사례도 찾을 수 있고, 반대로 열악한 학교 환경으로 인해 아이들의 교육적 성과가 심각하게 저해되는 사례도 찾을 수 있다. 드물게 발견할 수 있는 몇몇 사례가 학교에 대한 전체적인 양상을 보여주는 것으로 보는 실수를 해서는 안 된다. 학교가 현실을 반영하는 부분이 훨씬 크기 때문에 학교가 "불평등을 발생시키기보다 반영한다"라는 사실은 부인할 수 없다. 불평등을 강화하는 학교가 일부 존재한다 해도 말이다.

다만 불평등의 어떤 면에서는 학교의 해로운 역할이 부수적이기라기보다 핵심일 수도 있다. 예를 들어 흑인과 백인 간 격차가 방학에 비해 학기 중에 더 빨리 커진다는 결과가 그렇다. 학교가 불평등을 강화시킨다는 기존 관점과 일치하는 결과다. 그러나 앞서 3장에서 봤듯, 이런 경우조차 흑인 아이들과 백인 아이들 간 격차가 애초에 크게 발생하기 시작하는 시점에서 격차를 줄이기 위한 노력이 필요하다. 8학년에서 발견되는 학업성취도 격차 중 수학의 경우 78%, 국어는 96%가 이미 유치원에 들어가기 전부터 형성된 것이다. 격차의 대부분은 학교와 관련이 없다.

학교 내에서 벌어지는 다양한 불평등 메커니즘에 대한 연구는 지속되어야 한다. 학교가 불평등을 어떻게 강화하거나 완화하는지 밝히려는 연구는 학교 개혁을 설계할 때 불평등을 줄이기 위한 중요한 안내자가 될 수 있다. 그러나 이제 우리는 학교가 성취도 격차 유발의 주요 원인이 아니라는 것을 알고 있다. 그럼에도 학교의 불평등 감소 역할 가능성은 반직관적이어서 학술적으로 큰 관심을 얻지 못했다. 다음 장에서는 학교가 어떻게 불평등을 완화하는지 알아보자.

6

학교는 불평등을 줄여준다

앞 장에서는 학교가 불평등을 낳는 게 아니라 사회의 불평등을 반영한다는 점을 살펴보았다. 그렇다고 학교가 불평등과 무관하다고 성급하게 결론을 내서는 안 된다. 아이들은 학교에서 많은 것을 배운다. 그 과정 속에는 불평등을 증가시키거나 감소시키는 다양한 요인이 공존한다. 학교가 불평등에 영향을 미치는 요인들 모두 의미가 있지만, 일단 학교에 대한 선입견을 버리면 학교는 대부분의 영역에서 불평등을 유발하기보다는 줄여주는 역할을 한다는 점이 드러난다. 계절 비교 연구 결과가 보여주듯이 전반적으로 학교는 해롭기보다는 도움이 된다. 그렇다면 한 가지 질문이 생긴다. 어떤 보완적인 메커니즘들에 대해 우리는 이야기하는 것일까? 학교는 어떻게 불평등을 완화시킬까?

학교가 불평등을 보완하는 메커니즘은 소극적인 형태와 적극적인 형태로 나누어 볼 수 있다. 먼저, 소극적 형태는 학교와 학교 밖을 단순히 비교해 학교가 학교 밖의 가정이나 거주지역만큼 불평등하지 않기 때문에 불평등을 줄이는 역할을 한다는 것이다. 전혀 틀린 말은 아니지만 학교가 딱히 잘하고 있다고 내세울 만한 것도 아니다. 적극적 형태는, 학교가 실제로는 잘사는 아이들보다 가난한 아이들의 요구에 **더욱** 능동적으로 부응함으로써 불평등을 줄여준다는 것이다.

적극적 형태에 대한 주장이 설득력을 얻기 위해서는 소극적 형태보다 더 엄밀한 기준의 검증이 필요하다. 그러나 앞서 1~4장에서 다룬 경험적 결과는 적극적 형태와 더 잘 일치한다. 그럼에도 우리는 지금까지 학교와 불평등의 관계를 이런 식으로 생각해 보지 않았다. 이번 장에서는 학교가 취약 계층 아이들에게 더 유리하게 작동하게 되는 메커니즘을 이론적으로 살펴보도록 하자. 일단 소극적 형태부터.

불평등을 줄이는 학교의 소극적 역할

학교가 불평등을 완화하면서 보완적인 역할을 하는 이유 중 하나는 학교가 가정보다 덜 불평등하기 때문이다. 〈그림 3.1〉을 떠올려 보자. 불평등한 학교조차도 평등화하는 힘을 가지고 있다는 의미다. 내가 이를 '소극적' 형태라고 부르는 이유는 학교가 딱히 무슨 일을 하지 않아도 아이들이 학교에 다닌다는 점만으로 불평등이 줄어들 수 있기 때문이다. 학교 밖보다 덜 불평등한 학교에서 가난한 아이들이 시간을 보내기만 하면 된다. 이때 학교를 '엄청난great 평등 촉진자equalizer'라고 부르기는 좀 그렇고, '그저 그런so-so 평등 촉진자' 정도로 부를 수 있겠다.

학교 밖 불평등이 학교 내 불평등보다 더 크다는 증거는 상당하다. 본 히펠은 학교와 학교 밖의 자원을 소득 불평등, 부모나 교사의 학력, 학급이나 가족 규모의 측면에서 비교하며 학교 밖 환경이 훨씬 더 불평등하게 분배되어 있는 양상을 보여줬다.[1] 학교와 학교 밖을 비교해 보는 가장 단순명쾌한 방법은 재정적 자원을 보는 것이다. 1991년에 출간되어 큰 인기를 얻은 『야만적 불평등』이란 책에서, 저자 코졸은 도심에 위치한 학교와 교외 지역에 위치한 학교 간 재정이 극심한 차이를 보인다는 점에 주목했다.[*2] 하지만 학교 재정 양상을 좀 더 넓은 관점으로 살펴보면 다른 양상이 발견된다. 1971년에 캘리포니아주에서 있었던 세라노-프리스트 판결Serrano v. Priest 이후, 지방세에 과도

---

* 미국의 전형적인 주거 분리 양상은 도심에는 빈곤층이 집중적으로 살고 있고, 교외 지역에는 중산층이 살고 있는 형태로 나타난다.

하게 의존하는 학교 재정에 대한 문제의식이 촉발되었고 그 이후 학교 간 재정 격차가 줄어들었다. 물가 상승률을 조정한 후 살펴보면, 1995~1996년부터 2006~2007년까지 학생 1인당 교육비 지출은 가장 빈곤한 학군에서 가장 많이 증가하였고(35%), 부유한 학군에서는 가장 적게 증가했다(26%).[3] 전반적으로 학군 간 학교 재정의 불평등은 1972년부터 2000년대까지 20~30% 정도 감소했다.[4]

가정에서는 반대의 일이 벌어졌다. 가구 간 경제적 불평등은 지난 수십 년 동안 큰 폭으로 확대되었다. 2016년 전체 가구 중 소득 하위 10%에 해당하는 4인 가구에서 자라는 아이는 평균 1만 3,234달러의 소득을 누릴 수 있었지만, 소득 상위 10%에 해당하는 4인 가구에서 자라는 아이가 누릴 수 있는 소득은 10배 이상인 16만 1,915달러였다. 가구 간 소득 차이도 중요하지만, 재산 차이도 아이들의 가정환경에 영향을 미친다. 심지어 재산은 소득보다 훨씬 더 양극화되어 있다. 미국의 경우, 재산 보유에 따른 상위 1%는 하위 90%의 재산 전부를 합친 것보다 더 많은 재산을 보유하고 있다. 정책연구원Institute for Policy Studies에서 2017년 수행한 연구에 따르면 빌 게이츠와 워런 버핏, 제프 베조스 세 명이 전체 인구 하위 50%가 소유한 것보다 더 많은 재산을 가지고 있었다.[5] 미국의 심각한 불평등 이야기를 너무 자주 듣다 보면 종종 숫자에 무뎌지기 쉬운데, 미국의 재산 불평등 문제는 어느 선진국보다도 심각하다. 지난 수십 년 동안 소득과 재산 불평등 모두 확대되었다는 사실에는 의문의 여지가 없다.[6]

학교가 가정에 비해 더 평등하다는 사실은 다른 측면에서도 볼 수 있다. 부유한 아이들이 가난한 아이들에 비해 학급당 학생 수가 더 적은 교실에서 공부하는 이점을 누릴 때 교사 1인당 학생 수는 학교마다 차이가 나게 된다. 교사 1인당 학생 수에 대한 정보는 좋은 학교를 판별할 때 많은 사람이 주목하는 요인 중 하나다. 그런데 가정에서 부모 1인당 자녀 수는 훨씬 더 큰 차이가 난다. 가정마다 자녀 수가 다르고, 결정적으로 한 부모 가정에서 자라는 아이들을 고려하면 그 차이가 더 클 수밖에 없다. 이런 상황을 생각해 보자. 가난한 아이가 다니는 학교는 교사 1인당 학생 25명이고(1:25), 부유한 아이는 교사 1인당 15명인 학급으로 구성된 학교에 다닌다고 하자(1:15). 이 경우 가난한 아이와 부유한 아이가 다니는 학교 간 아동 1명당 성인 비율은 40% 차이가 난다. 한편, 가난한 아이가 한 부모 가정에서 세 명의 형제를 두고 있다면(어른/아이 비 1:4) 한 명의 형제와 부모 모두와 함께 사는 부유한 아이(어른/아이 비 1:1)에 비해 더 불리한 상황이다. 가난한 가정과 부유한 가정의 아동 1명당 성인 비율은 75%나 차이가 나기 때문이다. 아이와 성인 비율로 살펴보더라도 가난한 아이들은 학교보다 가정에서 훨씬 불리하다.[7]

불평등을 줄이는 학교의 적극적 역할

불평등을 줄이는 학교의 소극적 역할에 대한 설명은 크게 거슬릴 게 없어서 매력적이다. 그렇다 보니 소극적 역할에는 동의하면서도 학교는 여전히 불평등하고 개혁 대상이라고 주장하는 것도 가능하다. 계절 비교 연구의 결과를 인정하면서도 학교가 불평등을 발생시킨다는 대전제를 그대로 유지할 수 있다.

그러나 소극적 역할에 기반한 학교의 보완적 기능만으로는 앞서 1~4장에서 살펴본 경험적 결과를 온전히 설명하지 못한다. 학교가 학교 밖에 비해 덜 불평등하더라도 학교에서 부유한 아이들이 가난한 아이들보다 학교에서 더 많이, 더 빨리 배울 수 있다. 부유한 아이들은 학교 밖에서도 유리하고 학기 중인 9개월 동안 학교 내에서도 유리하다. 부유한 아이들이 유리한 조건을 이중적으로 누리고 있다면, 어떻게 학기 중에 가난한 아이들과 비슷한 수준의 학습률이 나타났을까?

학계에서는 아직 학교가 불평등을 줄이는 메커니즘에 관한 이론이 충분히 정립되어 있지 않다. 부유한 아이들에게 유리하게 작동하는 학교 메커니즘은 분명히 존재한다. 그러나 학교가 얼마나, 어떻게 불평등을 줄일 수 있는지 제대로 이해하려면, 학교가 가난한 아이들에게 불공평하게 작동하면서 만들어 내는 불평등의 **크기**와 학교가 가난한 아이들에게 우호적으로 작동하면서 줄여주는 불평등의 **크기**를 합했을 때 어떤 결과가 나오는지 가늠해야 한다. 문제는 학교가 가난한 아이들의 불리함을 보완하는 기능에 대한 이론이 제대로 정립되지 않아 학교가 불평등을 강화하면서도 약화시키는 과정들에 대해 선뜻 상상이 가지 않는다는 점이다.

나는 오하이오주립대학교 사회학 수업에서 학교와 불평등을 다룰 때마다 학생들에게 학교가 어떻게 불평등을 유발하는지 묻는다. 학생들은 어렵지 않게 대답한다. 학생들의 열정적인 답변을 모으다 보면, 지방세에 기반한 학교 재정의 문제, 교사들의 차별, 부유한 지역 학교와 빈곤한 지역 학교 간 교사 역량의 차이, 교육과정의 질적 차이, 방과 후 활동에서 나타나는 불평등, 진로상담 교사의 유무 등 학생들이 디테일까지 덧붙일 수 있는 긴 목록이 금세 만들어진다.

그러나 학교가 불평등을 어떻게 줄여주는지 말해보자고 하면 교실은 금세 조용해진다. 학생들은 '뭐라는 거야?'라는 듯 혼란스러운 표정을 짓는다. 내 수업에 들어오기 전부터 학생들은 학교와 불평등에 대한 지배적인 담론에 상당한 영향을 받아왔기 때문에 학교가 보완적인 역할을 할 가능성에 대해 상상하는 것조차 어려워한다. 하지만 계절 비교 연구의 결과를 확인한 지금, 학교가 불리한 여건에 있는 학생들이 겪는 어려움을 어떻게 보완하는지 생각해 볼 때가 되었다.

지금부터 학교가 어떻게 불평등을 줄일 수 있는지에 대한 이론적 논의의 실마리를 던져보겠다.

교육과정 통합

학교는 학습 능력이 현저히 다른 학생들을 한데 모아 대체로 비슷한 내용을 가르친다. 이를 '교육과정 통합curriculum consolidation'이라 부른다.[*] 사회과학자들은 학생마다 배우는 내용이나 여건을 다르게 제공하는 '교육과정 분화curriculum differentiation'라는 말에 더 익숙할 것이다. 수준별 학습이나 학교 간 계열 분리tracking, 유급과 관련한 조치 등이다. 학교는 학생의 능력에 따라 다른 교육과정을 제공하지만, 동시에 능력이 다르더라도 같은 교육과정으로 아이들의 학습 경험을 통합하기도 한다. 연령에 따라 같은 학년으로 묶어서 운영하는 방식이 한 예가 될 수 있다. 학교가 같은 연령의 학생을 묶는 정책이 관행적이라 우리

---

[*] 교육과정 통합이라는 표현은 여러 교육과정을 통합한다는 의미가 아니라, 학교 교육과정은 본질적으로 상이한 실력 수준을 가진 학생들을 하나로 통합하여 가르치는 특성을 가지고 있다는 의미다.

학교의 재발견

는 이러한 정책이 불평등을 줄이는 데 얼마나 중요한 역할을 하
는지 알아차리지 못한다. 나는 이런 관행을 딱히 반대하는 편은
아니다. 하지만 이 정책이 아이들 능력이 천차만별인데도 학
교가 동일한 교육과정에 따르도록 강제한다는 점은 부인할 수
없다.

국가 차원에서도 마찬가지다. 전국의 아이들이 표준화된
내용을 배울 수 있도록 학교 교육과정의 통합이 이루어진다. 미
국의 경우 다른 나라에 비해 중앙정부에 의해 표준화된 교육
정책을 수행하는 수준이 상당히 낮은 편이다. 그래도 커먼 코
어Common Core* 시행으로 전국 수준의 표준 교육과정을 향해 나아
가는 과정에 있다. 커먼 코어는 현재 41개 주에서 채택하고 있
는데, 유치원에서 12학년까지 아이들이 국어와 수학 교과에서
무엇을 배워야 할지를 명시한다. 이러한 방식의 교육과정 표준
화는 학교 밖 환경이 천차만별인 아이들을 비슷한 학습 내용에
노출시킴으로써 불평등을 줄이는 역할을 한다. 커먼 코어가 50
개 주 모두에서 채택되면 학교의 보완적 역할은 더욱 강력해질
것이다.

---

* 커먼 코어는 전국 공통 교과과정 기준(Common Core State Standards Initiative)을 줄여 부르
는 말이다. 미국에서는 주마다 다른 교육과정으로 인해 학생들의 학력을 평가하고 계획하는 데 어려
움을 겪었다. 미국 전역에서 일관되고 동일하게 학력을 평가할 수 있는 기준을 제시하여 이러한 문제
를 해결하고자 시행한 정책이다.

학교 자원을 취약 계층에 집중

비슷한 맥락에서 학교가 학업성취도 격차를 줄일 수 있는 또 다른 방법은 취약 계층 출신 학생들에게 학교 자원을 집중적으로 투자하는 것이다. 대부분의 학교 정책은 가난한 아이들이 다니는 학교 환경을 개선하기 위한 목적으로 만들어졌다는 점을 잊지 말자. 타이틀 원$^{Title 1}$, 헤드 스타트$^{Head Start}$, 1973년 제정된 재활법$^{Rehabilitation Act}$, 1990년에 제정된 미국 장애인법$^{Americans with Disabilities Act}$ 등은 모두 가정환경이 어려운 아이들이 경험하는 학교의 질 향상을 위한 것이었다. 정책마다 정도의 차이는 있지만 모두 성공적이었다.

또한, 교육 정책이 고성취 학생과 저성취 학생 중 어느 집단을 대상으로 하고 있는지를 살펴보는 것도 중요하다. 학교 재정 대부분이 지방 정부나 주 정부 재원에 기반을 둔다는 점에서, 정부 차원에서 정책 대상으로 삼는 집단이 누구인지 확인하면 학교가 어떤 역할을 하는지 이해하는 데 도움이 된다. 일례로, 2011~2012년 오하이오주에서는 언어 장애를 겪는 학생이 있는 학교에 학생 1인당 1,517달러를 추가로 지원했다. 발달 장애 학생이 있는 경우 3,849달러, 여러 장애를 복합적으로 겪는 학생이 있는 경우 1만 6,715달러로 지원금 규모가 더 커졌다. 대조적으로 영재 아동이 있는 경우 학교에 추가되는 지원금은

23달러였다.[8] 나는 학교가 불평등을 줄이는 역할을 하기를 바라는 입장이기 때문에 이런 정책이 특별히 문제라 여기진 않는다. 하지만 학생 집단에 따라 재정 지원에 이렇게나 차이가 난다는 사실에 놀랄 사람이 많기는 할 것 같다.

교사들의 평등 지향성

사회과학 문헌을 보다 보면, 학교는 가난한 아이의 성공을 저해하기 위해 굳게 마음먹은 중산층 교사로 가득 차 있다는 인상을 받게 된다. 상당수의 이런 연구들은 부르디외Bourdieu의 '문화자본'(엘리트층에 속하고 있다는 신호를 발산하는 능력) 개념에 기반을 두고 있다.[9] 이러한 연구가 주장하는 핵심은 교사가 학생들이 말하는 방식이나, 옷차림, 태도 등을 보고 학생들을 불공평하게 대우한다는 것이다. 혹은 학부모를 만난 후 어떤 학생이 특권층 출신인지 인지하여 편애한다고 한다. 교사가 선호하는 이런 아이들은 실력이 모자라도 우수반에 배정된다. 교칙을 위반해도 별 탈 없이 넘어간다. 교사들은 이런 특권층 아이들에게 더 높은 교육적 기대를 품고 공부를 위한 동기를 더 많이 제공하기도 한다.

널리 알려진 디마지오DiMaggio의 연구에 따르면, 교사들은 성적을 매기는 과정에서 학생들이 수행한 결과만으로 평가하지 않고, 클래식 음악이나 고전문학에 대해 잘 아는 아이들에게 더 유리한 평가를 주는 경향이 있다.[10] 이런 문화자본론은 학자들에게 매력적으로 받아들여졌는데, 학교가 능력주의 원칙에 따라 작동하지 않는 숨은 이유를 제공해 주기 때문이다. 싸움에 같이 말려들었는데 부잣집 아이는 반성문만 쓰고 끝나고, 가난한 아이는 정학 처분까지 받는다면 공정하지 않다. 부잣집 아이가 바흐를 듣는다고 교사가 A학점을 주는 것도 공정하지 않다.

미국 교사들이 능력주의의 안내자 역할을 제대로 하지 못하고 있다는 인식은 많은 학자에게 상당히 매력적으로 받아들여졌다. 그러나 버지니아대학교의 사회학자 폴 킹스턴Paul Kingston이 지적했듯, 교사들이 실제로 문화자본 연구가 묘사하는 것처럼 나쁜지는 분명하지 않다.[11] 교사들이 특정한 문화적 특성을 갖춘 아이들을 더 예뻐하는 것처럼 보이지만 많은 경우 그렇게 자의적이지 않다. 교사들은 수업에 집중하며 자신의 지시를 잘 따르는 학생을 선호한다. 이게 불공평한 것일까? 교사가 뜬금없이 클래식 음악에 대해 잘 아는 아이들에게 성적을 높게 준다고 하는 디마지오의 연구는 어떤가? 디마지오 연구에서 특권층 아이들은 정말 문화자본 덕분에 같은 실력을 갖춘 다른 아이들보다 더 높은 성적을 받은 것인지, 아니면 문화자본이 필요한 실력과 관련이 있기 때문인지 확실히 알 수 없다.

우리가 앞서 살펴본 학교에 관한 기존 연구의 약점이 여기에서도 마찬가지로 적용된다. 상관관계는 인과관계가 아니라는 점. 방대한 문화자본 연구를 꼼꼼히 살펴본 킹스턴은 문화자본론의 주장이 '지켜지지 않은 약속'을 보여줄 뿐이라고 결론짓는다. 교사가 아이들을 불공평하게 대하고 있다는 증거가 없다는 말이 아니다. 교사의 역할을 엄밀히 분석해 보니 대부분의 사람이 믿는 것보다 교사가 학생들을 차별하는 정도가 훨씬 덜 하다는 것이다.

게다가 교사의 차별적 행동은 평등 지향적 행동으로 상쇄된다. 불평등을 심화하는 교사의 행동도 많겠지만 평등 지향적인 태도가 더 지배적이다. 교직에 매력을 느낀 사람들은 대체로 이타적인 성향이 강하고, 상대적으로 평등주의적 견해를 지지할 가능성이 더 크다. 「종합사회조사General Social Survey」 자료를 분석한 결과에 따르면, 교사가 아닌 일반인의 47%가 사람들이 가난한 이유를 '노력 부족' 때문이라고 답했지만, 교사의 경우 그렇게 답한 비율이 32%에 불과했다. 전국의 교사를 대상으로 한 설문조사에서도 특별히 일대일로 돌봐줘야 할 학생에 대해 물었을 때 80%의 교사들이 "학업적으로 어려움을 겪는 학생"이라고 응답했다. "학업적으로 뛰어난" 학생이라는 응답은 5%에 불과했다.[12]

교사가 부유한 아이를 편애하는 경우도 분명히 존재한다. 그러나 대부분의 연구는 교사들이 어려움을 겪는 아이들을 더욱 신경 써서 돌봐주는 경향이 불평등을 심화시키는 행동 이상으로 압도적인지에 대해서는 폭넓게 살펴보지 않았다. 이런 가능성을 탐구한 연구는 워낙 부족해서 실제로 현실은 어떤지 알기 어렵다. 하지만 학교가 어떻게 열악한 여건에 놓인 아이들의 어려움을 돕고 불평등을 줄여주는지에 대한 이론을 만들려는 우리에게, 교사들의 평등 지향적 태도는 분명 하나의 중요한 메커니즘이 될 수 있다.

학교의 보완적 기능은 인지 능력 외에서도 나타나는가?

계절 비교 연구 결과를 보고서도 학교가 불평등을 유발한다는 대전제를 포기하지 않는 사람들이 내세우는 논리 중 하나는 학교가 학업성취도로 측정하는 인지 능력 말고도 다양한 측면에서 불평등을 재생산한다는 것이다. 부유한 아이들이 다니는 학교는 고소득 직종을 준비하는 방식으로 학생들을 가르치는 경향이 있다. 정보를 종합적으로 이해하고, 비판적으로 사고하며, 어떻게 논리적인 토론에 잘 참여하는지에 더 비중을 둔다. 반면 가난한 아이들의 학교들은 단순 암기식 능력에 집중하고, 엄격한 규칙 준수를 강조하며, 하위 수준 일자리들에 유용할 지식과 기술을 가르치는 경향이 있다. 많은 연구자가 부유한 지역의 학교와 빈곤한 지역의 학교 간 차이를 이런 식으로 정리해 왔다.[13]

학교가 노동시장에서 필요로 하는 갖가지 지식과 기술을 배우는 데 얼마나 영향을 미치는지 엄밀하게 측정하는 것은 어려운 일이다. 하지만 우리는 학생들이 학교에 얼마나 노출되어 있는지에 따라 교실 내에서 보이는 사회성, 행동적 능력, '시민성citizenship'(예를 들어, 수업에 얼마나 집중을 잘하는지, 본인의 할 일을 제시간에 끝내는지, 또래 친구들과 잘 지내는지 등)에서 드러나는 격차에 관해 연구한 바가 있다. 이미 유치원에 들어갈 때 아이들 간에 이러한 비인지적 능력에서도 큰 차이가 나타난다는 점은 잘 알려져 있다. 상위계층일수록, 여자아이일수록, 백인일수록 하위계층 출신이거나, 남자아이거나, 흑인인 경우에 비해 사회적·행동적 능력이 뛰어나다. 학교가 불평등을 확대한다고 주장하는 입장에서는 학교가 부유한 아이들이 더 좋은 교사와 또래 친구를 만날 수 있게 함으로써 이런 격차를 더 강화한다고 본다. 그러나 이런 주장 역시 가능하다. 사회적·행동적 능력의 차이는 학교 밖, 특히 가정에서 대부분 발생하고 학교는 가정환경을 반영할 뿐이라는 것이다. 앞서 언급했듯 나는 동료들과 함께 아이들의 사회적·행동적 능력에 대한 교사들 평가가 학기 중과 방학 때 어떻게 달라지는지 연구했다.

교사들은 학생들이 본인 물건들을 제대로 정리하는지, 새로운 것을 배우고 싶어 하는지, 스스로 공부를 잘하는지, 반복적 일상이 바뀔 때 잘 적응하는지, 맡은 일을 끝까지 해내는지, 집중을 잘하는지, 학급의 규칙을 잘 따르는지 등 학습 태도와 관련한 일련의 항목을 바탕으로 학생들을 평가했다. 연구 결과에 따르면 아이들은 유치원에 들어오는 시점에서 SES나 인종·성별에 따라 사회적·행동적 능력의 격차가 크게 나타난다. 그러나 유치원 이후 초등학교 2학년까지 학기 중과 방학을 비교해 보면, 학기 중에 격차가 더 빨리 커진다는 증거는 발견되지 않았다. 계절 비교를 바탕으로 사회적·행동적 발달을 분석한 연구가 워낙 드물기는 하다. 하지만 이런 결과는 학교가 비인지적 측면에서 가난한 아이들에게 부정적인 영향을 미친다는 주장에 반하는 근거라는 점에서 주목할 만하다.[14]

계절 비교 방법으로 학교가 비만에 미치는 영향을 분석한 연구도 있다. 한때 학교에서 제공하는 점심 급식이 형편없고, 체육 시간이나 쉬는 시간을 충분히 주지 않아서 학교가 '비만지대'가 되었다는 주장이 있었다. 그러나 계절 연구가 보여주는 바는 아이들은 학기 중보다 방학 때 체질량지수body mass index, BMI가 더 빠르게 증가한다는 것이다. 게다가 방학 중에는 사회경제적

학교의 재발견

지위나 인종에 따른 체질량지수 격차가 더 커졌다.[15] 아무리 엉망인 학교라도, 학교는 부유한 아이와 가난한 아이 간 체질량지수 격차를 확대하거나 비만인 학생을 늘리기보다는 감소시킨다. 학교 급식이 훌륭하다는 말이 아니다. 체질량지수 증가 측면에서 보통의 아이를 기준으로 볼 때, 아이들은 학교를 다니지 않을 때에 비해 학교를 다닐 때 더 건강해진다는 의미다.

계절 비교를 통해 학교를 바라보면, 사회경제적 지위에 따른 격차에 있어 학교는 보완적이거나 적어도 중립적이라는 사실을 알게 된다. 이는 학교가 기존 지배적인 담론이 가정한 것과 다른 방식으로 운영되고 있을 가능성을 제기한다. 계절 비교 방법이 적용되기 이전, 많은 학자들은 학교가 SES에 따른 학업성취도 격차를 확대시킨다고 믿었다는 점을 다시 상기해 보자. 계절 비교 연구 결과는 사람들이 믿던 것이 진실인지 다시 생각해 보게 한다. 그렇다면 학교가 뭔가 다른 방식으로 불평등을 발생시킬 것이라고 가정하기 전에, 우리가 비슷한 실수를 또 범하고 있진 않은지 생각해 볼 필요가 있겠다. 어쩌면 불평등이 형성되는 데 있어서 학교의 영향력에 대해 우리가 과대평가하고 있을 가능성 말이다.

학교는 학습 불평등 해소에 도움이 된다

콜먼 보고서가 학교는 학업성취도 격차에 기여하는 바가 미미하다는 결과를 내놓은 이후, 사람들은 콜먼이 학교는 중요하지 않다고 주장했다는 잘못된 방식으로 해석을 하기도 했다. 이 해석은 1960년대를 기준으로도, 지금 기준으로도 모두 틀렸다. 아이들은 학교를 다니지 않을 때에 비해 학교를 다니고 있을 때 더 빨리 배운다. 이는 학부모와 납세자들 모두에게 다행스러운 부분이다. 그러나 다음 두 가지 모두가 사실일 수도 있다. (1) 학교는 아이들의 학습을 매우 효과적으로 촉진한다는 점, (2) 학교는 불평등을 거의 발생시키지 않는다는 점. 우리가 3장에서 살펴본 바와 같이 가난한 아이들이 다니는 학교나 부유한 아이들이 다니는 학교 모두에서 아이들이 배우는 학습량은 동일하기 때문이다.

학교가 아이들 간 학습 불평등에 미치는 효과를 종합적으로 분석해 보니 학교는 해가 되기보다는 도움이 되는 듯하다. 학교의 특성 중 일부가 불평등을 강화시킨다고 해도 이 결론은 유효하다. 학교에 대해 정확히 이해하려면 학교가 불평등을 강화시키는 요인들의 효과 크기와 완화하는 요인들의 효과 크기를 저울질해 봐야 한다. 계절 비교 연구는 이런 점에서 효과적이다. 대부분의 다른 연구들이 불평등을 강화하는 기제를 밝혀내는 것에만 초점을 맞추는 방식으로 설계되었기 때문에 특히 그렇다. 계절 비교는 학교가 보완적 역할을 할 가능성까지도 간과하지 않기 때문이다.

자, 학교가 우리가 생각해 왔던 것보다 괜찮은 기관이라면, 왜 우리는 학교 탓을 멈추지 않는 것일까? 나를 한동안 고민에 빠뜨린 질문이다. 이에 대한 내 생각은 다음 장에서 이야기해 보도록 하겠다.

진실에서 멀어지는 이유: 프리다 소피아 사례

2017년 9월 19일 멕시코의 수도 멕시코시티에 규모 7.1의 대지진이 발생했다. 그 직후 인근의 엔리케 렙삼네 학교^{Enrique Rebsamen} ^{school}에 다니는 12세의 여학생 프리다 소피아^{Frida Sofia}의 구조에 눈길이 쏠렸다. 학교가 무너져 수많은 학생과 교사가 사망한 상태였다. 구조대원들은 잔해더미 속에서 한 소녀의 희미한 신음을 들었으나 위치를 파악하는 데 어려움을 겪고 있다고 발표했다. 그 소녀는 구조대원들에게 자기 이름이 프리다 소피아라고 말했다. 온 나라가 숨을 죽인 채 소피아 관련 뉴스 보도와 SNS를 주시했다.

그러나 프리다 소피아라는 소녀는 없었다. 그 학교에 그런 이름을 가진 학생에 대한 기록도 없었다. 관계자들은 진술을 역추적해서 처음 목소리를 들었다는 구조대원들까지 만났다. 그들은 어떻게 존재하지도 않는 사람의 정보를 자세히 이야기할 수 있었을까? 실수였을 수도 있다. 생존자를 감지하는 열화상 카메라가 오작동했을 수 있다. 그런 일은 충분히 일어난다. 잔해 속에서 발견한 손가락은 소피아가 아니라 58세 여성의 것이었을 수도 있다.

구조대원들은 소녀와 대화를 나누었다고 보고했다. 이름도 들었다고 했다. 사실도 아닌 이런 세부 정보를 어떻게 모두가 믿게 되었을까? 구조대원의 이야기는 기자에게 전해졌고, 이내 방방곡곡 퍼져 나갔다. 누구도 그 정보가 사실인지 확인하지 않고 그대로 대중에게 전달했다. 결과적으로 기자들과 멕시코 정부의 실수는 며칠 동안 사실로 존재하게 되었다.[1]

허구의 소녀 이야기에 살이 붙으며 많은 사람의 관심이 집중된 이유는 무엇일까? 한 가지 설명은 모두가 그 이야기가 사실이기를 바랐기 때문이라는 것이다. 지진 때문에 370명이 사망했고 6,000명 이상이 다쳤다. 온 나라가 필사적으로 반가운 소식을 듣고자 했고, 이 어린 소녀가 살아있다는 소식은 모두에게 희망을 심어주었다. 그게 무엇이 되었든 우리가 진실이기를 진심으로 바라게 되면, 우리는 뭐가 진실인지 판단할 능력을 잃게 된다.

프리다 소피아 이야기가 학교와 불평등 문제랑 무슨 연관
이 있을까? 사람들이 학교가 불평등을 만들어 낸다는 설명을
정말 듣기 바라기 때문에 문제라고 지적하려는 걸까? 정답이
다. 사람들이 학교가 정말로 불평등을 만들어 내기를 **바라는** 건
아니다. 하지만 학교가 불평등을 만들어 낸다는 설명을 원한다.
서로 이유는 다르지만 애석하게도 정치적으로 보수나 진보 모
두 마찬가지다. 사람들은 어떤 설명이 진실이기를 바랄 때, 그
설명에 반하는 증거는 가볍게 무시하는 경향이 있다.

프리다 소피아 문제는 대중 사이에서만이 아니라 학계에서
도 만연하다. 지난 10년간 나는 여러 대학교와 연구소에 있는
사람들에게 1~4장에 나온 결과들을 발표해 왔다. 반응은 대체
로 예측 가능한 단계를 따랐다. 1단계는 내가 제시한 증거를 보
고 놀라는 것이다. 사람들은 아이들이 18세까지의 깨어 있는 시
간 중 87%를 학교 밖에서 보낸다는 점을 충격적으로 받아들인
다. 성취도 격차 대부분이 취학 전 초기 아동기 때 발생한다는
점도 처음 접한다. 국어와 수학에서 나타나는 사회경제적 격차
가 학기 중에는 변함없이 유지되고 방학 중에 더 빠른 속도로
확대된다는 사실도 처음 알게 된다. 가난한 아이들이 다니는 학
교나 부유한 아이들이 다니는 학교나 막상 학교에서 배우는 정

도는 거의 비슷하다는 영향력 기반 연구 결과에 대해 놀란다. 부정하는 단계에 접어들면서 이런 결과들이 다 틀렸을지 모른다는 생각에 그 근거를 찾기 시작한다. 다른 것은 몰라도 불평등 대부분이 정규 교육이 시작되기 전에 형성된다는 사실만큼은 반박하기 어렵다.

2단계에 접어들면 대화는 인지 능력에 대한 비판으로 이어진다. 내 주장에 회의적인 사람들은 국어와 수학에서 발견되는 결과는 인정하겠지만 학교가 인지 능력이 아닌 다른 차원에서 불평등을 확대시키는 메커니즘이 상당하다고 주장한다. 물론 그럴 수 있다. 그런데 지금까지의 근거로는 그런지 아닌지 가늠하기 쉽지 않다. 현재 연구 결과로는 학교 효과를 설득력 있게 구분해 낼 수 없다. 그렇기에 인지 능력이 아닌 다른 차원에서 학교가 불평등을 촉진할 수 있다 하더라도 그런 주장을 자신 있게 고수하는 대신 겸손하게 열린 태도를 보일 필요가 있다. 앞서 언급했듯이 계절 비교 방법, 또는 다른 더 엄밀한 분석 방법을 학생의 사회적·행동적 능력이나 체질량지수와 같이 다른 결과로 확장해 봐도 학교는 부정적이기보다는 긍정적인 역할을 한다는 결론에 이르게 된다. 그 밖의 다양한 결과로 계절 비교 방법을 확대 적용해 봐도, 딱히 학교가 불평등을 촉진한다고 믿을 만한 이유가 별로 없다.

반발 3단계는 불평등을 해결하는 방법에 대한 것이다. 1단계와 2단계 모두를 인정한다고 하더라도 많은 학자는 여전히 학교 개혁이 우리가 가야 할 길이라고 주장한다. 우리가 사회의 변화를 만들어 낼 수 있는 주요 수단은 학교이기에 우리는 할 수 있는 일을 해야 한다는 것이다. 3단계에서는 학교 자체가 불평등에 그렇게 영향을 미치는 건 아니라고 인정하면서도, 여전히 가난한 아이들이 주로 다니는 학교가 더 나아질 수 있는 길이 있다고 주장한다. 가난한 학교가 개선될 여지가 있다는 말은 당연히 맞는 말이다. 진짜 문제는 학업성취도 격차를 줄이는 것이 목적일 때 지금까지와 같은 학교 개혁이 정말 최선의 접근 방법이냐는 것이다.

내가 내린 결론에 따르면, 더 넓은 사회적 맥락에서 보상에 대한 분배 방식을 바꾸는 것이 진짜 핵심이다. 사람들은 그건 불가능하다고 한다. 그렇게 하기 위해서는 가정의 영역을 개혁해야 하는데 그것은 불가능하다, 그러니 학교와 같이 뭔가 가능성이 있어 보이는 것에 매진하자고 한다. 내 입장은 이렇다. 우리가 통제할 수 있다고 생각해서, 학교 개혁 연구로 범위를 한정하여 더 넓은 사회적 맥락에서의 불평등같이 학업성취도 격차를 만들어 내는 진짜 원인에 대해서는 알아보는 것조차 회피한다면 이것이야말로 변화를 어렵게 만드는 일이다. 사회과학자들은 세상이 실제로 어떻게 돌아가는지 설명하는 데 집중해야 한다. 우리가 바꿀 수 없으니 정말 불평등을 만들어 내는 문제는 굳이 이야기하지 말자는 태도는 용납하기 어렵다.

이러한 일련의 반발 단계들을 겪으며, 나는 사람들이 무엇때문에 학교가 불평등을 발생시킨다는 대전제를 그토록 굳건하게 믿는지 궁금해졌다. 학교가 그토록 매력적인 '악당'인 이유는 무엇일까? 사람들이 나쁜 사람들이어서 내가 제시한 근거를 믿지 않고 의심하는 것은 아니다. 하지만 그들이 학교에 대한 그동안의 지배 담론에서 벗어나기 주저하고 있다는 것은 사실이다.

문항 반응 이론에 근거한 ECLS-K 국어 성취도 척도가 정말 믿을 만한지, 혹은 우리 연구가 사용한 ECLS-K 시험 날짜와 학기 시작일 및 종료일 간 차이를 통계적 모형을 통해 처리한 방식이 과연 제대로 된 것인지에 대해 의문을 가지는 것이라면 그것은 다른 문제다. 계절 비교 연구도 완벽하지 않다. 제기되는 문제들로 인해 추정 결과가 잘못되었을 수도 있다(계절 비교 연구에 대한 자세한 내용은 부록 B를 참조할 것). 1~4장에서 보여준 경험적 결과들이 미덥지 않아서 학교가 불평등의 원인이라는 대전제를 그대로 고수하는 사람들도 적지 않을 것이다. 하지만 진짜 문제는 연구 결과의 질적인 측면이 아니다. 사람들이 저항하는 이유는 좀 더 복잡하다.

학교를 불평등의 주범으로 지목하는 데는 여러 이유가 있나. 첫째, 학교에 비판적인 학자들은 계절 비교를 하는 학자들과 다른 분석틀에 기반하여 연구 질문을 던지는 경향이 있다. 연구문제를 구성하는 방식이 왜 중요한지는 곧 설명하도록 하겠다. 둘째, 작은 정부를 선호하는 미국적 가치가 어떤 면에서는 도움이 되기는 하지만, 지나칠 경우에는 무엇이 원인이고 무엇이 결과인지 파악하는 데 방해가 된다. 나는 학교가 불평등에 영향을 미치는 방식에 대한 우리 생각이, 부분적으로 국가가 하는 것은 뭐든 좋아하지 않는 미국인의 인식 때문이라고 생각한다. 세 번째로는 1965년 모이니한Moynihan 보고서에 대한 백래시 이후 사회과학자들이 '피해자 탓'을 한다고 비난받을 가능성에 상당히 민감해졌다는 점을 들 수 있다. 이는 부분적으로는 긍정적인 변화다. 하지만 연구자들이 빈곤 가정들의 어려움에 직접 주목하는 연구를 수행하기 부담스러워 하게 되었다는 측면에서는 아쉽다. 결과적으로 초기 아동기의 가정환경이 아이들 발달과 성취 격차에 결정적이라는 현실을 인정하지 못하는 편향적 시선이 형성되었다. 마지막으로 교사의 대부분이 여성이라는 사실도 사람들이 학교를 더 쉽게 비판할 수 있는 이유다. 경찰, 소방관 등 남성이 지배적인 직종에 대해서는 같은 방식으로 쉽

학교의 재발견

사리 비판이 가해지지 않는다.

학교와 불평등 관계에 대한 관습적 접근

학교가 불평등의 주범이란 대전제가 굳건하게 유지되는 핵심적인 이유는 질문을 던지는 접근 방식과 관련이 있다. 질문 자체에서 학교가 불평등의 주범이 아닐 가능성은 아예 닫아놓고 있다. 연구자들이 던지는 전형적인 질문은 '학교가 불평등을 만들어 내는 측면이 있는가?'다. 이에 대한 답은 거의 언제나 '그렇다'일 수밖에 없다. 학자들은 이런 식으로 질문을 던지고 난 후, 학교가 불평등을 발생시키는 다양한 특성을 발굴해 낸다. 이런 방식이 지속적으로 축적되면서 교육학계 전체가 대전제를 지배 담론으로 믿게 된다.

연구 질문을 구성하는 방식에 따라 답이 정해진다는 점을 잘 보여주는 예를 하나 살펴보자. 어느 야구팀의 팬들이 함께 모여 그날 놓친 경기의 녹화 영상을 보고 있다. 그런데 어찌 된 일인지 이 영상에는 응원하는 팀의 공격 이닝은 다 삭제되어 있고 수비 이닝 장면만 남아 있다. 팬들은 아직 경기 결과를 모른다고 하자. 이 팬들이 보는 것은 상대 팀은 공격하고 자기 팀은 그저 수비만 하는 것뿐이다.

이제 이 팬들이 맥주를 들이켜면서 자기 팀에 대해 어떻게 논평할지 상상해 보자. 만족스러운 경기 장면을 이야기할 수는 있겠다. 성공적인 투수의 투구 장면, 멋지게 수비한 모습이 언급될 것이다. 하지만 수비만 아니라 공격까지 포함한 경기 전체를 다 봤더라면 전반적으로 더욱 만족했을 가능성이 크다. 이 사람들은 자기 팀 선수들이 도루를 하고, 2루타성 안타를 치고 3루까지 내달리거나 홈런을 쳐내는 통쾌한 장면을 즐기지 못했다. 자기 팀이 점수를 내는 장면은 결코 보지 못했다. 이런 상황에서 이들에게 경기를 평하라고 하면 대부분 비판적일 수밖에 없을 것이다. 팬들이 본 건 오직 상대팀에게 점수를 내준 장면뿐이니 말이다!

이 불쌍한 팬들의 이야기는 학교와 불평등을 연구하는 학자들과 별반 다르지 않다. '학교가 불평등을 만들어 내는 측면이 있는가?'라고 묻는다면 야구 경기에서 수비 장면들만 본 팬들에게 '우리 편이 점수를 내줬는가?'라고 묻는 것과 다를 바 없다. 문제를 구성하는 방식 자체가 '그렇다'라는 대답을 기대할 수밖에 없게 만든다. 교육학자들이 기를 쓰고 학교의 부정적인 측면들만 찾아내려는 건 아니다. 하지만 학교의 문제점에만 주안을 두고 연구를 해왔다. 학교가 불평등에 미치는 부정적인 측면에 집중하여 부지런히 연구하면 학교의 문제점은 어렵지 않게 찾아낼 수 있다. 그렇다 보니 교육학계는 대체로 일방적인 시각만을 대변하게 된다. 학교에 대해 이렇게 접근하게 되면 학교는 항상 문제적일 수밖에 없다.

'교육 문제'라고 할 때 대부분의 사람들이 빈곤층 학생들이 주로 다니는 학교의 문제점을 우선적으로 떠올리는 이유가 바로 여기에 있다. 예를 들어, 널리 읽혔던 2007년《뉴욕타임스New York Times》기사에 따르면 뉴욕시는 문제 교사들을 창문이 없고 인터넷도 안 되는 독방에서 매일 근무하도록 징계했다.[2] 이런 상황이 몇 년이나 지속된 교사들도 있었다. 이런 식으로 근무한 500명 이상의 징계 대상 교사들에게 뉴욕시는 2010년에만 3,000만 달러가 넘는 월급을 지급해야 했다.[3] 학교에서 문제를 일으키고, 성과도 좋지 않은 교사라도 교사 노조의 보호를 받고 있기에 주 정부가 쉽게 해고할 수 없어서다.

이런 소식은 우리가 뉴스를 통해 자주 접하는 교육의 모습이다. 수업 시간에 졸거나 늦거나 아예 나타나지 않는 교사나, 졸업률이 25%에 불과한 고등학교에 대한 뉴스를 듣게 된다. 이런 이야기는 그 자체만으로도 최악이지만 그렇다고 우리 학교들의 주된 모습을 대표하지 않는다. 엉망인 학교와 엉망인 교사는 뉴스의 헤드라인을 장식한다. "서니브룩초등학교, 올해도 어김없이 학생들 성적을 성공적으로 향상시켜"와 같은 헤드라인은 거의 볼 수 없다. 실제로는 이 문장이 학교에서 일어나는 일을 보다 정확히 기술하는 것임에도 말이다.

학교를 비판적으로 보는 시각은 매년 시행되는 파이 델타 카판Phi Delta Kappan 여론조사에서도 잘 드러난다. 70%에 달하는 학부모들은 자기 자녀가 다니는 학교에 A나 B등급을 주면서도, 국가에서 학교를 평가해 달라고 하면 C나 D등급으로 평가한다. 왜 사람들은 본인의 학교 경험은 대체로 만족하면서 전반적인 교육제도에 대해서는 그토록 부정적일까? 자기 자녀가 다니는 학교에는 만족하면서도, 학교가 불평등의 주범이라는 대전제로부터는 자유롭지 못하기 때문이다. 학교에 대한 개인적 경험은 긍정적일지라도 학교 교육은 근본적으로 고장 나 있다는 믿음을 갖고 있다.

이런 식으로 학교와 불평등의 관계에 대해 관습적으로 접근하는 방식은 학교가 불평등에 어떠한 영향을 미치고 있는지 이해하고자 할 때 도움이 되지 않는다. 야구 경기에서 수비하는 모습만 보고 우리 팀이 이기고 있는지 지고 있는지 제대로 알 수가 없듯, 학교가 불평등을 확대하는 부분에만 집중해서는 학교와 불평등의 관계를 온전히 이해할 수가 없다. 처음부터 학교는 불평등을 발생시키는 곳이라고 믿어버리고 시작하면, 학교가 불평등을 강화시키는 정도와 불평등을 완화하는 정도를 비교해서 볼 방법이 없고 학교는 항상 불평등을 심화한다는 결론에 이르게 된다.

학교와 불평등의 관계에 대해 결론을 미리 정하지 않고 접근하려면 "아이들이 학교에 다니는 것이 불평등에 어떠한 영향을 미치는가?"라고 물어야 한다. 이러한 대안적 접근은 학교 제도의 **전반적인** 영향력에 대해 초점 맞춘다. 야구 비유로 돌아가 보면, 우리 팀이 수비하는 모습만 지켜보는 대신에 '경기가 끝났을 때 어느 팀이 더 많은 점수를 냈는지' 물어보는 것이다. 학교 내에 불평등을 촉진하는 메커니즘들이 존재하지 않을 수 없으니 불평등 강화 요인의 존재 여부를 물어보는 것이 아니라, 학교에 다님으로써 전체적인 불평등 수준이 어떻게 변화하는지 질문해야 한다.

학교의 영향력을 이해하기 위해 이런 대안적인 접근 방식을 취할 경우 우리는 자연스럽게 더 큰 그림을 볼 수 있다. 학교가 불평등에 기여하는 이런저런 경로들을 부정하는 것이 아니다. 학교가 불평등을 완화하는 이런저런 경로들을 모두 포용하자는 것이다. 이러한 접근 방식은 우리가 균형 감각을 바탕으로 판단할 수 있게 해준다는 장점이 있다. 학교가 불평등을 확대하는 메커니즘과 열악한 학생들의 어려움을 보완해 주는 메커니즘이 동시에 존재할 경우, 어떤 쪽이 더 강한지 저울에 달아 가늠해 볼 수 있다. 학교의 성격이 중립적이거나 오히려 보완적일 경우도 이렇게 대안적으로 접근하면 제대로 가늠할 수 있다. 반면, 기존의 방식으로는 학교는 늘 나쁜 곳일 수밖에 없다. 균형 잡힌 접근을 하지 않기 때문이다. 불평등을 강화하는 학교 메커니즘은 늘 발견할 수 있다.

'작은 정부' 선호가 미치는 영향

학교와 불평등의 관계를 어떤 문제틀로 접근하는지가 중요하지만, 학교가 불평등의 주범이라는 대전제에서 벗어나지 못하는 또 다른 이유는 미국인들이 '작은 정부'를 선호하는 경향이 있기 때문이다. 작은 정부를 선호하는 사람들은 학업성취도 격차가 발생하는 진짜 원인에 대해 제대로 들어볼 시도조차 하지 않는다. 진짜 해법은 어떻게든 국가 개입을 피할 수 없기 때문이다.

데이비드 로픽David Ropiek은 2010년 월간지 《애틀랜틱Atlantic》에 실린 〈지구 온난화가 별게 아니라고요?Global Warming: No Big Deal?〉[4] 라는 글에서 기후 변화에 회의적인 태도를 보일 가능성이 큰 사람들을 지목했다. 국가 개입을 불편해하며 위계질서와 현상 유지를 원하는 이들이었다. 로픽에 따르면 이런 사람들은 딱히 기후 변화라는 사실보다 기후 변화를 해결하는 방안에 회의적이다. 정말로 기후 변화가 일어나고 있다면 문제 해결을 위해서는 정부 개입이 불가피하다. 그러니 정부 역할이 커지는 것을 원하지

학교의 재발견

않는 사람들은 기후 변화가 사실이기를 원치 않는다는 것이다.

마찬가지로, 정부 역할이 가능한 한 줄어들기를 원하는 사람들에게 불평등의 주범이 학교라는 대전제는 매력적이다. 불평등을 줄이기 위해 복지국가를 확대하는 방향으로 사회 전반을 개혁하려는 정부의 노력을 학교로만 제한할 수 있기 때문이다.[5]

대공황 이후 미국은 심각한 문제에 직면했었다. 자본주의가 제대로 작동하지 않았다. 자본주의는 너무나 큰 불평등을 만들어 냈다. 호황과 불황 끝에 많은 이들이 일자리를 잃고 비참해졌다. 루스벨트의 뉴딜 정책은 정부와 시장의 관계를 새롭게 정립했다. 정부가 적극적으로 시장을 규제하면서 취약한 시민들에게 필요한 복지를 제공했다. 정부의 첫 시작은 훨씬 포괄적이었다. 사회보장 제도를 시행하고, 아이들이 굶주림에서 벗어날 수 있게 메디케어Medicare* 및 다양한 복지 제도를 도입했다. 이런 변화는 1930년대와 1940년대 대부분의 현대 국가에서 공통적으로 경험한 것이었다. 하지만 미국이 다른 나라들과 결정적으로 다른 점이 하나 있었다. 다른 국가에서는 교육 정책이 정부의 폭넓은 역할 중 일부에 불과했으나 미국에서는 학교 교육을 기반으로 한 해법이 점차 중심이 되었다. 하베이 캔터Havey

---

* 미국 정부가 시행하는 사회보장제도로, 65세 이상이거나 일정 자격 요건을 갖춘 사람들을 대상으로 제공하는 건강보험.

Kantor와 로버트 로^{Robert Lowe}가 "복지국가의 교육화"라고 이름 붙인 변화다.[6]

미국이 다른 나라와는 달리 교육을 유난히 강조하게 된 이유는 무엇일까? 트레이시 스테프스^{Tracy Steffes}의 설명이 설득력 있어 보인다. 그는 『학교, 사회, 국가^{School, Society, and State}』라는 저작에서 다음과 같이 밝힌다.

> "미국인들이 교육에 투자한 이유는 교육 투자가 미국의 정치 문화나 가치와 잘 어우러졌기 때문일 수 있다. 진보, 개인주의, 능력, 기회에 대해 미국인들이 오랜 시간 품어왔던 신화적인 생각들 말이다. 교육은 자기 발전을 위해 각 개인이 추구하는 평생 기획이자 개인과 공동체 모두를 위한 진보의 길이었다. 학교는 자선이나 구호의 형태가 아니었다. 누구라도 자신의 노력과 재능을 통해 성공할 수 있게 공평한 기회를 제공하는 제도였다. 누구라도 노력하면 잘 살 수 있다는, 모두가 아메리칸드림을 희망하는 나라에서 사람들이 정부에 바라는 것은 그 기회의 약속을 지켜주는 것이지 실패했을 때 보상해주는 것이 아니었다."[7]

사회문제에 대한 학교 기반의 해법에 의존하려는 경향이 미국에서 특별히 강하게 나타나는 것은 부분적으로 미국인들의

학교의 재발견

'작은 정부'에 대한 선호에 기인한다. 미국인들은 공짜처럼 보이는 복지정책에 비해 학교에 대한 투자에 더 관대하다. 최소한 학교는 학생들이 열심히 공부할 것을 요구하니 말이다. 그 결과 미국인들은 최저임금 인상, 대중교통 확대, 육아 휴직, 의료 접근성 확대, 친노동 입법, 수감자 규모 감소 등 교육과 상관없는 사회 정책으로 빈곤 가정들을 돕는 것을 캐나다나 유럽 사람들보다 훨씬 망설인다.[8] 미국의 반국가주의는 더 작고, 더 학교 중심적인 복지국가를 만드는 데 일조했다.

더 작고, 더 학교 중심적인 복지국가가 왜 나쁘냐고 반문할 수 있겠다. 사람들이 자기 행동에 책임을 지도록 한다는 것은 좋은 생각처럼 보인다. 그러나 작은 정부라는 가치가 문제의 진짜 원인을 제대로 짚어내지 못하게 한다면 문제가 된다. 예를 들어, 학업성취도 격차 문제에 대해서도 미국에서는 학교에 기반을 둔 해법을 지나치게 강조하면서 정부의 다른 정책으로 인해 학교 밖에서 만들어지는 불평등에 대해서는 간과하고 있다.

'피해자 탓하기'로 몰릴 두려움

미국인들이 개인주의에 사로잡혀 있는 게 문제라면, 학자들은 가족을 들여다봐야 하는 게 아닌가? 가족은 학교보다 더 작고 개인적인 기관이니 말이다. 하지만 학자들이 불평등을 만드는 주범으로 가족을 지목하기 주저하는 이유가 있다. 이를 이해하려면 1960년대 또 다른 중요한 보고서인 모히니한 보고서를 살펴볼 필요가 있다.

1960년대 '빈곤과의 전쟁War on Poverty'은 심각한 어려움에 봉착했다. 당시 많은 사람이 빈곤은 사람들이 게을러서 발생하는 것이고, 해결 방법은 그런 사람들을 바꾸는 것으로 생각했다. 나태한 사람들의 엉덩이를 걷어차 일하도록 만들면 빈곤은 사라진다는 것이다. 다행히 현실의 맥락을 중요하게 여기는 시각이 점차 주목받기 시작했다. 정책 입안자들은 경제적 기회 부족이나 인종차별 등의 구조적 문제가 어떻게 가족을 압박하여 문제의 근원을 만들어 내는지 밝히려 들었다. 더욱 섬세한 방법으로 문제에 접근해 보니 빈곤한 사람들에게 그저 열심히 더 잘하라 말하는 것만으로는 문제가 해결되지 않는다는 점이 분명해졌다. 해결해야 할 더 큰 문제가 있었다.

이것이 1965년 당시 젊은 노동부 차관보 대니얼 패트릭 모이니한Daniel Patrick Moynihan이 작성한 보고서가 나오게 된 배경이다. 모이니한 보고서(공식 제목은 「흑인 가정을 위한 국가 대책The Negro Family: Case for National Action」)는 흑인 가족의 경제적 문제가 무엇인지 찾아내고자 작성된 것이었다. 모이니한은 일할 수 있는 사람이라면 누구에게나 제공되는 교육과 훈련, 취업 견습 제도, 그리고 완전 고용을 위한 국가 일자리 프로그램을 만들고자 했다. 이러한 정책이야말로 흑인 가족이 경제적으로 안정될 수 있게 도와주는 해결책이라고 생각했다.

여러분은 이런 모이니한의 생각이 진보주의자들로부터 환영받았겠다고 생각할지 모르겠다. 하지만 이 보고서의 핵심은 도발적이고 공격적인 몇 개의 문장으로 요약되는 것에 그쳤다. 모이니한은 흑인들의 빈곤 문제가 세대를 걸쳐 지속되는 문제라고 지적하면서, 흑인 가족은 "여러 문제가 뒤엉킨 병리적 상태tangle of pathology"에 있다고 기술했다. 모이니한은 한발 더 나가 흑인 가정의 가모장적 특성 때문에 흑인 남성이 "수탉부터 사성 장군에 이르기까지 남자라면 누구나 가진 수컷의 포부"를 펼칠 수 없는 '병리적' 상황이라고 주장했다.[9]

모이니한이 빈곤 집중 지역ghettos이 발생하는 주범으로 흑인 가정을 병리적이라고 묘사하며 비난했다는 내용이 언론의 헤드라인을 장식하는 동안, 정작 그가 보여주려 했던 구조적인 해법의 큰 그림은 사라져 버렸다. 언론은 모이니한이 흑인 가정을 비난하면서 그들이 교육에서 실패하고, 일자리를 얻지 못하고, 범죄를 저지르는 것을 흑인 가정의 가모장적 특성 탓으로 돌리고 있다고 보도했다. 윌리엄 라이언William Ryan은 《네이션The Nation》에 기고한 글에서 모이니한 방식의 접근을 "피해자 탓하기"라고 표현했다.[10] 좌파 진영으로부터 비난이 쏟아졌다. 흑인 권리 운동 측에서는 흑인 남성을 모욕적으로 묘사한 것에 분노했고, 당시 막 떠오르던 페미니스트들은 가모장적 상황을 병리적이라고 표현한 것에 분노했다.

이 모든 사태로부터 사회과학자들은 한 가지 교훈을 얻었다. 사회적 약자에 관해 이야기할 때 매우 조심스러워야 한다는 것이다. 좋은 교훈이기는 했다. 문제는 사회과학자들이 가족생활의 실태, 그리고 그 실태가 어떻게 얼마나 중요한지 연구하는 것을 기피하게 되었다는 것이다. 모히니한 보고서는 피해자 탓하기의 대표적인 사례가 되었다. 사회과학자들은 아이마다 가정 여건이 다르다는 점을 인정할 수밖에 없다 보니, 한 부모 가정이나 빈곤 가정이 겪는 어려움을 제대로 인정하며 연구하지 못하게 되었다. 모이니한처럼 비판받기보다 말을 하지 않는 편이 나았다. 대신 빈곤한 사람들이 직면한 극한의 환경을 극복하려 노력하는 모습을 영웅적으로 그려내기 시작했다. 가난하고 고립된 사람을 어렵게 하는 요인을 다루는 연구는 회피하며 그들이 보여주는 회복 탄력성에 집중했다. 핵심은 건드리지 않고 남겨둔 채 말이다.

이런 학계 분위기에서 가족이 불평등을 재생산하는 과정에서 어떤 역할을 하는지에 대한 연구를 회피하는 사회과학자 세

대가 생겨났다. 불평등이 가정 내 아이들의 경험으로 인해 재생산될 수 있다는 논의조차 너무나 민감한 주제가 되어 다뤄지지 않았다. 가난한 가정의 특정 측면이 아이들에게 부정적이라는 점을 인정하는 데도 어려움이 있었다. 사회학자 더글러스 매시Douglas Massey와 로버트 샘슨Robert Sampson은 다음과 같이 말한다.

> "가정의 붕괴, 부모의 이혼과 재혼 등으로 인한 양육자의 잦은 변경, 아버지와의 약한 애착 관계 등이 아이들에게 좋지 않은 영향을 줄 수 있다는 가능성은 금기시되었다. 결과적으로 한부모 가정이 미국 사회의 구조적 특징과 맞물려 실업, 차별, 주거 분리 등의 악조건을 더 강화시킬 것이란 가설은 제대로 연구되지 못했다."[11]

가족사회학이 사라졌다는 말은 아니다. 불평등의 재생산 과정을 설명할 때 가족의 비중을 실제보다 덜 논의하게 되었다는 의미다. 예전에는 주거 분리나 일자리 차별 같은 구조적인 불평등이 어떻게 가족의 여건을 만들어 내고 다시 아이들의 발달에 영향을 미침으로써 불평등을 재생산하는지를 이야기했다면, 모히니한 보고서 이후에는 가족에 대한 언급이 대폭 줄어들었다. 사회학자 더글러스 매시에 따르면, 모이니한의 죄는 "특정 상황에서 빈곤한 사람들의 행동이 빈곤 상태를 영속화하는 데 기여할 수 있다고 암시한 것이다. 이런 이단적인 생각으로 인해 모이니한은 사회과학 전반의 진보주의자로부터 엄청난 질타를 받았다. 이러한 비난은 이후 20년간 사회과학 연구에 좋지 않은 영향을 미쳤다. 사회학자들은 인종, 문화, 지능 등 논쟁적인 주제에 관해서는 연구하기를 주저했고, 이런 주제를 연구해보겠다고 나서는 사람들은 저항과 배척을 경험하게 되었다.”[12]

사회과학자들이 왜 빈곤이 끈덕지게 유지되는지 제대로 설명하지 못했다고 해서 시도조차 없었던 건 아니다. 모이니한처럼 가족이 처한 여건을 구조적인 어려움과 연결하는 대신, 일부 학자들은 빈곤을 지나치게 관대한 복지 때문으로, 바람직한 문화적 가치의 결핍으로, 최악의 경우 열등한 유전자 탓으로 돌렸다.[13] 흑인 가족의 문제를 더 큰 구조적 문제의 결과라고 본 모이니한과 달리 이들은 흑인 가정 자체를 문제로 봤다. 대단한 아이러니다. 모히니한 보고서의 원래 목적은 사회의 구조적 조건을 개선하여 흑인 가계의 안정성을 높이는 데 필요한 정책을 마련하는 것이었으나 몇몇 문제적인 표현으로 인해 적대적인 반응만 얻게 되었다. 그 결과 우리는 오히려 빈곤을 구조적으로 바라보는 관점에서 **멀어지게** 되었다.

사회과학자들은 모히니한 보고서에 적절하게 대응하지 못했다. 문제점을 비난하다가 보고서의 장점까지 한꺼번에 내다

버렸다. 가족 내에서 발생하는 일에 대해 제대로 연구하지 못하게 되면서 사회과학은 지난 수십 년간 최적의 발전 기회를 놓친 셈이 되었다. 한마디로 균형 감각이 부족했다. 학자들은 구조에 관해 이야기하면서도 가족 안에서 무슨 일이 어떻게 발생하여 불평등을 고착시키는지 터놓고 이야기하지 못했다. 가정환경이란 게 바로 그 구조의 결과물이란 것을 알면서도 말이다. 그렇다 보니 사람들은 사회과학자들의 설명에 별로 공감하지 못했다. 현실이 그렇지 않으니까. 불평등에 대한 사회과학자들의 담론은 점점 그 무게를 잃게 되었다. 왜 불평등이 유지되는지 설명하면서 가족 탓을 하게 될까 조심하다 보니 학자들은 다른 곳으로 눈을 돌리게 되었다. 훨씬 안전한 표적, 바로 학교다.

여성 교사 비율이 높다

학교가 그토록 고난을 당하는 또 다른 이유는 학교가 주로 여성으로 이뤄진 기관이라서다. 여성과 남성이 지위와 자원을 동등하게 누리고 있다면 학교가 문제로 지목되지 않았을지 모른다. 문제는 현실이 그렇지 않다는 것이다. 2015~2016년 기준 미국 공립학교 교사의 77%가 여성이었다. 초등학교의 경우 이 비율은 거의 90%에 달한다.[14] 학교가 그토록 쉽게 비판의 대상이 되는 이유 중 하나는 교사들 대부분이 여성이란 사실에 있을지 모른다. 교사들이 노조를 조직하고 자신들을 보호하려고 할 때 과도한 비난이 쏟아지는 이유도 마찬가지다.

사람들이 남성이 대다수인 직업을 어떻게 바라보는지 생각해 보자. 우린 소방관들이 화재를 얼마나 잘 진압했는지 평가하는 책임 평가 제도를 어떻게 만들어야 할지 굳이 고민하지 않는다. 낮은 급여를 주면서도 교사에게는 남성이 다수인 직업에서는 적용하지 않는 방식으로 결과에 대한 책임을 묻는다. 여성 비율이 높을수록 해당 직종의 급여 수준이 낮아지는 경향은 많은 연구자가 지적해 왔다.[15] 여성의 비중이 높은 직종일수록 해당 직종의 사회적 지위는 낮다. 여성 비율로 인한 직종의 가치 하락과 불평등의 원인을 학교로 돌리는 대전제 사이에는 관련성이 없을 수 없다.

그릇된 '대전제'가 신뢰받는 그 밖의 이유

이번 장에서는 불평등이 학교 탓이라는 대전제가 사실과 다르다는 증거가 자명함에도 사람들이 왜 여전히 대전제를 믿고 있는지 살펴보았다. ⑴학교와 불평등에 대한 관습적 접근 방식, ⑵작은 정부 선호, ⑶모히니한 보고서에 대한 백래시, ⑷여성이 다수인 교직의 취약성이라는 네 가지 이유를 제시했다. 이 네 조건이 합쳐져 학교는 만만한 비판 대상이 된다. 그리고 사

실이 아닌 대전제가 유지되는 문화적 토양이 만들어진다.[16]

그 외에도 학교가 문제라는 생각은 진보와 보수 모두가 동의하는 의견이란 이유도 가능하다. 양측 모두 불평등한 학교야말로 사회의 불평등을 만들어 내는 원동력이라 생각한다. 놀라운 일이다. 수없이 많은 분야에서 정치적 담론이 극도로 양극화되고 있는데 학교에 관한 입장은 일치한다. 물론 양측의 해결책은 서로 다르다. 진보주의자들은 균등한 자원 분배를 주장하고, 보수주의자들은 시장 원리를 따라야 한다고 주장한다. 중요한 것은 양측 모두 불평등의 주범으로 학교를 지목한다는 점이다. 대전제가 계속 지배적 담론 자리를 차지하고 있는 바탕에는 이토록 보기 드문 정치적인 공감대가 자리 잡고 있기 때문은 아닐까 한다.

계절 비교 연구의 이야기가 너무 건조하고 심심하다는 것도 끝으로 생각해 볼 수 있는 한 이유다. 내 경험상 학교 간 자원이 불공평하게 분배되고 있다는 사실에 학생들은 열정적인 행동파가 된다. 교육 봉사단체에 가입해 소외 지역으로 달려가 교사로 봉사하고 필요한 입법 투쟁에 참여한다. 학생들은 부유한 아이들이 주로 다니는 학교와 가난한 아이들이 주로 다니는 학교의 차이를 노련하게 그려낸 코졸의 『야만적 불평등』을 읽고 감명받곤 하지만 엔트위슬과 알렉산더의 「여름방학 동안의 퇴보^{Summer Setback}」논문을 읽히면 하품하기 시작한다. 진짜 현실의 큰 그림은 엔트위슬과 알렉산더의 논문이 더 정확히 보여주는 데도 말이다. 계절 비교 연구 이야기로는 감동을 이끌어 내기 어렵다. 국어와 수학에서 SES에 따른 성취도 격차가 입학 전에 이미 다 형성된다는 사실을 새로 배우는 순간 벌떡 일어나 "아멘!"을 외치는 일은 없다.

학교가 생각만큼 나쁜 곳은 아니라고 설득하는 것은 시시한 악당이 등장하는 영화를 홍보하는 것과 비슷하다. 볼드모트는 진짜 나쁜 놈이어야 제맛이다. 대전제가 유효해야 학교라는 악당이 계속 존재할 수 있다. 문제는 우리가 생각한 악당이 진짜 악당이 아니었다는 것, 그리고 이런 오해에 따르는 대가가 만만치 않다는 것이다. 어떤 대가가 따르는지 다음 장에서 살펴보자.

8

'대전제'의 값비싼 대가

학교가 불평등의 원천이라는 견해는 현실과 다르기 때문에 재고해야만 한다. 내가 1~4장에서 논의한 현상은 그런 대전제로 설명하기 어려우므로 추가 논의가 필요하다. 깊이 뿌리박힌 관점을 비판적으로 바라보기가 쉽진 않지만, 지배적 담론이라는 이유로 밀어붙이기만 한다면 그 대가가 만만치 않다. 물론, 이 책을 읽고도 '대전제'가 별문제도 아니라고 결론을 내릴 수도 있겠다. 어쩌면 우리는 불평등의 많은 부분이 학교 탓이라 비난하고, 그런 주장을 유지할 수도 있지만 이를 비판하는 것은 필요하다. 그런다 해도 기껏해야 현실보다 조금 더 학교 불평등을 공격하는 것으로 그칠 것이다. 그것이 그렇게 나쁜 일인가?

나는 대전제의 거의 모든 부분이 틀렸다고 생각하지만, 그렇다고 처음부터 끝까지 다 틀린 것은 아니라는 점도 인정한다. 미국 학교 간에는 상당한 불평등이 존재한다. 기회의 평등이라는 미국의 가치에 반하는 현상이다. 대전제라는 지배 담론에 영향을 받은 연구자들은 교사가 학생을 공정하지 않게 대하는 행위, 학급 규모에서 나타나는 불평등, 수준별 학습 및 학교 계열 분리 등 불평등을 유발하는 학교 내 여러 메커니즘을 밝혀왔다. 의미 있는 발견이다. 학교가 SES에 따른 학업성취도 격차 확대에 기여하지 않았더라도, 인종 간 성취도 격차 확대에는 기여했을 수 있다. 그렇다면 우리는 빈곤 지역의 학교 개선에 특별한 노력을 기울일 필요가 있다.

하지만 내 주장은 균형을 맞추자는 차원의 이야기다. 학교를 통해 불평등을 퇴치하려는 생각이 완전히 잘못되었다는 말이 아니다. 그보다는 우리가 학교 개혁만 너무 강조하느라 취학 전 초기 아동기의 중요성은 과소평가하고 있다는 의미다. 대전제로 인해 치를 가장 결정적인 대가는 학교를 비판하느라 관심과 자원이 불평등의 진짜 근본 원인을 개선하는 데 집중되지 않고 분산된다는 점이다. 즉, 학교 개혁을 통한 불평등 퇴치 접근의 직접 비용은 그다지 많이 들지 않더라도 간접 비용은 훨씬 큰 셈이다. 학업성취도 격차를 줄이기 위해 학교를 중심에 두고 접근하게 되면 자원을 비효율적으로 사용하는 결과로 이어진다. 불평등을 줄이기 위해 학교 개혁에 많은 자원을 투입했지만 결국 학교에 대한 기존 담론이 틀렸다는 교훈만 남긴 사례가 있다.

학업성취도 격차를 줄이려 노력한 슈퍼리치

빌 게이츠Bill Gates와 마크 저커버그Mark Zuckerberg라면 사업 성공의 경험과 어마어마하게 축적한 부를 기반으로 학생들의 학업성취도 격차를 어떻게 줄일 수 있을지 알아낼 수 있지 않았을까? 그런데 두 사람 모두 사업에서는 성공했는지 모르지만, 학교를 통해 불평등을 줄이려는 시도에서는 사실상 실패했다. 교육에서는 돈이 중요하지 않다거나, 사업과 학교는 다르다거나 하는 문제는 아니다. 진짜 문제가 무엇인지 제대로 진단하지 못했기 때문이다. 이들은 처음부터 학교가 문제라고 보고 접근하기 시작했다. 진짜 문제는 학교 밖의 경제적·인종적 불평등인데 말이다.

빌·멀린다 게이츠 재단Bill and Melinda Gates Foundation 이야기부터 해보자. 빌 게이츠와 멀린다 게이츠는 수년간 학교 개선을 위한 여러 사업을 진행했다. 처음에는 학교 규모를 줄이는 것이 중요하다고 생각했다. 자금을 투입해 학생 수가 많은 고등학교를 소규모로 개편했다. 교사 1인당 학생 수가 적어지면 개별 학생의 필요를 더욱 효과적으로 충족시킬 수 있으리라 생각했다. 열악한 조건의 학교가 높은 학업성취도를 보이는 좋은 학교와 비슷한 교육적 환경을 갖추게 되면 성과도 비슷해질 것이라는 논리다. 이 생각 자체가 나쁘지는 않았다. 하지만 결과적으로 어마어마하게 투입된 비용에 비해 기대만큼의 효과는 없었다.[1] 큰 학교를 작은 학교로 쪼개는 데 상당한 돈과 자원을 쏟아부은 후 게이츠 재단은 이 전략을 포기했다.[2]

다음으로는 방향을 틀어 교사 역량에 집중했다. 훌륭한 교사를 발굴해 빈곤 지역의 학교에서 가르치게 하면 불평등을 줄일 수 있으리라 생각했다. 한동안 추진했지만 결국 이 전략도 먹히지 않는다는 것을 곧 깨달았다. 애초에 훌륭한 교사들이 부유한 지역의 학교들에 집중되어 있지 않았다. 앞서 말했던 바와 같이, 양질의 교사는 대부분 사람의 인식보다 훨씬 더 고르게 분포되어 있고, 불평등 문제를 거의 설명하지 못한다. 그 후 게이츠 재단의 관심은 개발도상국을 대상으로 하는 공중위생 개선, 백신 제공 등과 같이 교육과 직접적으로 관련이 없는 다른 문제로 옮겨 갔다. 게이츠 재단이 사회문제를 뚝딱 해결하는 모습을 보여주기에 학교는 너무 어려운 문제였다.

수십억 달러가 생기면 학교를 개혁하고 싶은 마음이 드나 보다. 몇 년 후 페이스북의 CEO 마크 저커버그가 같은 길을 선택했다. 2008년 뉴저지주 뉴어크Newark시 공립학교에 기쁜 소식이 날아들었다. 저커버그가 학군에 1억 달러를 기부하기로 한 것이다. 여러 사람이 여기에 더해 뜻을 모아 총 2억 달러를 뉴어크 공립학교 학군에 투자하기로 했다. 이는 〈오프라 윈프리 쇼〉에서도 다뤄질 정도로 큰 화제가 되었다. 뉴어크 학군은 미국에서 성적이 가장 좋지 않은 학군으로 악명 높았다. 3학년부터 8학년 학생 중 본인 학년 수준에 맞춰 국어나 수학 수업을 따라오는 학생 비율이 40%에도 미치지 못했다. 고등학교 졸업 전에 학교를 그만두는 학생이 절반에 육박했다. 저커버그와 당시 시장이었던 코리 부커Corey Booker는 뉴어크 학군을 개선하는 것을 넘어 5년 이내에 전국에서 가장 우수한 도시 지역 학군의 본보기가 되겠다는 야심을 내비쳤다. 목표 자체는 고귀했다.[3]

뉴어크 공립학교는 정말 전국 학교의 본보기가 되었을까? 아니다. 몇 년이 지나도록 별다른 성과 없이 그 돈은 다 사라져 버렸다. 학생들의 국어 성취도는 약간 올라갔지만, 수학 성취도는 오히려 더 낮아졌다. 고액 연봉 컨설턴트를 고용하고 기존 교사들과 계약을 연장하고 교사들의 처우를 개선하는 데 예산 대부분이 들어갔다. 실패의 원인을 두고 다양한 의견이 오고 갔다. 성과가 좋은 교사들에게 인센티브를 제공하는 정책을 시행했다면 성공할 수도 있었는데 교사노조의 반대로 그러지 못했기 때문에 실패했다고 분석하는 사람들이 있었다. 학교 개혁을 위해서는 대중적 공감대를 이끌어 냈어야 하는데 그러지 못한 카미 앤더슨Cami Anderson 교육감 잘못이라 지적하는 사람들도 있다. 어찌 되었건 돈은 사라졌고 도시 지역 학군의 표본이 되겠다는 꿈도 사라졌다.

그래도 실수로부터 배운 것이 전혀 없지는 않았다. 저커버그와 아내 프리실라 챈Priscilla Chan은 이후 샌프란시스코만 지역 내 빈곤율이 높은 학교에 1억 2,000만 달러를 기부했다. 이번에는 학교를 지원하는 것에만 그치지 않고 그 이상을 목표로 삼았다. 《뉴욕 타임스》 기자인 앨릭스 코틀로위츠Alex Kotlowitz에 따르면 "저커버그는 학교 개혁 자체만으로는 충분하지 않다는 것을 깨달았다. 교실에서 변화를 만들기 위해서는 빈곤과 트라우마에 힘겹게 맞서 싸우는 아이들의 삶에서 변화를 만들어 내야 한다."[4] 저커버그는 이 교훈을 배우는 데 1억 달러를 썼다. 그러고 나서야 학교가 불평등을 만들어 내기보다 사회의 불평등을 반영하는 것이라 보기 시작했다.

학교 개혁을 향한 끝없는 탐구

학교가 불평등을 발생시킨다는 대전제로부터 영향을 받은 사람들은 게이츠 부부와 저커버그만이 아니다. 전국 수많은 도심 지역 학교들이 대전제에 대한 믿음 속에서 지속적인 개혁을 추진

학교의 재발견

하고 있다. 학교는 사회의 더 큰 불평등을 반영할 뿐이라는 점을 생각하면 학교 개혁으로 학업성취도 격차 같은 불평등 문제를 푸는 일은 정말 어려울 수밖에 없다. 하지만 학교 중심 담론은 여전히 주류이고, 그만큼 학교 개혁은 가장 널리 채택되고 있는 해결법이다. 미국 전역에서 학교 개혁을 위한 시도가 비슷한 방식으로 반복되고 있다. 안타깝게도 대개는 실패로 끝난다.

내가 1994년 오하이오주 콜럼버스로 이사 왔을 무렵, 이 동네의 공립학교 학군은 상당한 어려움에 처해 있었다. 낮은 졸업률로 평판이 좋지 않았고, 시험 성적은 오하이오주 내에서 최하수준이었다. 이후 지난 25년간 학군 내 학교를 개선하기 위해 막대한 자원이 투입되었다. 새로 부임하는 교육감들은 눈길을 확 끄는 표어를 내걸었다. 1995년 교육감이었던 래리 믹슨Larry Mixon은 "총제적인 학교의 질적 개선Total Quality Management"이라는 원칙을 내세웠다. 2년 후 로사 스미스Rosa Smith 교육감은 "학업성취도 향상, 높은 효율성, 희망과 신뢰 구축"이라는 3종 전략을 제시했다. 2001년에 진 해리스Gene Harris 교육감은 "일 보 전진!"과 "학업 성취를 이뤄냅시다!"를 외쳤다.

아쉽게도 어느 하나 제대로 된 결과를 내지 못했다. 물론 결과가 잘 나온 일을 어떻게든 골라내 보면 포장을 해볼 수야 있겠지만 말이다. 제대로 따져보면 결과는 실망스럽다. 2018년에 콜럼버스 학군은 오하이오주로부터 F 평가를 받았다. 여러 면에서 콜럼버스 학군은 25년 전이나 지금이나 다를 바 없다.

콜럼버스 학군의 실망스러운 경험이 특별한 것은 아니다. 미국 전역 도심 지역 학군들이 반복적으로 겪고 있는 흔한 사례이자 대표적인 이야기다. 수년마다 새로 부임하는 교육감은 희망적인 메시지와 새로워 보이는 아이디어를 들고 등장하지만 별다른 변화 없이 퇴장한다. 왜 이런 일이 계속될까? 흔한 설명은 그런 학군들은 워낙 비효율적으로 굴러가기 때문이라는 것이다. 관리자가 더 전문적이고 교사들이 더 헌신적이라면 학교가 나아질 수 있다는 주장이다. 여기에는 분명 진실이 있긴 하다. 워낙 작은 진실이긴 하지만 말이다. 문제는 그 작은 진실이 끈덕지게 대전제를 유지하는 데 필요한 자양분이라는 점이다.

해마다 반복하는 학교 개혁이 실패하는 가장 큰 이유는 원인을 제대로 파악하지 못하기 때문이다. 빈곤한 지역 내 학교가 문제가 아니다. 실패 원인은 그 학교에 다니는 가난한 아이들이다. 학교는 완벽해서 문제가 없다는 말은 아니다. 전혀 아니다. 다만 학교를 평가할 때 학교가 얼마나 잘하고 있는지로 측정하지 않고 그 학교에 다니는 아이들이 가정과 주거지역에서 겪는 문제의 결과까지 포함하여 측정하고 있다. 아이들이 학교 밖에서 맞닥뜨리는 열악한 환경이 나아지지 않는 이상 이 아이들이

학교의 재발견

학교에서 지속 가능한 학업적 성과를 보여주기란 정말 어렵다. 그러니 가난한 아이들이 다니는 학교는 계속해서 낮은 평가를 받을 수밖에 없고, 그런 학교는 문제로 오해받기 십상이다.

오하이오주의 학교 평가 방식도 마찬가지다. 학교를 평가하고 성적을 산출하는 기준은 여섯 가지 지표로 구성된다. 그중 아이들이 처한 학교 밖 환경과 별개로 학교가 수행한 성과를 측정하는 지표는 단 하나도 없다. 첫 번째 지표는 **학업성취도**다. 학교에 다닌다면 필수로 통과해야 한다고 지정한 시험을 통과한 학생의 비율이다. 한 시점에서 학업성취도를 평가한 결과는 학교 요인과 학교 밖 요인들 결과가 섞여 있다. 〈그림 2.1〉이 기억나는가? 유치원에 처음 들어갈 때 이미 성취도 격차의 대부분이 발생한다. 성적이 좋은 학군과 성적이 좋지 않은 학군 간 차이를 설명하는 가장 중요한 요인은 학생들의 가구소득 수준이었다.

두 번째 지표는 학교가 학교 내 **학생 집단 간 성취도 격차를 얼마나 줄이고 있는지**에 대한 것이다. 이 지표 결과도 학교가 통제할 수 없는 학교 밖 요인에 의해 영향을 받는다. 예를 들어보자. A학교는 부유한 학생과 빈곤한 학생 간 성적 격차를 줄이려고 애쓰지만 어려움을 겪고 있다. 학군 내 공장이 문을 닫아 실업률이 증가해 저소득 가정이 어려움을 겪고 있기 때문이다. 그

공장은 B학교가 위치한 지역으로 이전을 했다. 그 지역에서는 고용 기회가 증가해 저소득 가정의 상황이 나아져 B학교에서는 성취도 격차가 줄어들게 되었다. 그 결과 B학교가 A학교보다 좋은 평가를 받았다면 어떨까?

세 번째 학교 평가 지표는 초등학교 3학년에서 **학력 미달 집단에 속한 학생들의 독해력 역량 향상도**다. 학교가 가정환경이 어려운 3학년 학생의 독해력을 얼마나 향상시켰는지 평가하는 것이다. 당연히 아이들이 하교한 후 저녁마다 책을 함께 읽는 부모가 많은 지역 학교가 유리하다.

넷째, 학교는 학생들의 국어, 수학 **성취도의 향상 정도**를 바탕으로 평가받는다. 그래도 이 지표는 다른 지표에 비해 학교 역할을 따로 구분하기에 좀 나은 편이다. 하지만 안정된 집안 분위기, 안전하고 건강 친화적인 돌봄, 학업을 강조하는 부모 등 여전히 학습에 유리한 가정환경을 누리는 학생들이 많은 경우 학교의 성취도 향상 수준도 더 높아질 수밖에 없다.

다섯 번째 지표는 졸업률이다. 하지만 졸업률이 학교를 제대로 평가하는 지표일까? 아이들이 제때 졸업할 가능성이 가정과 지역에서 경험하는 어려움과 아무런 관련이 없을 때만 그럴 것이다.

마지막 지표는 학생들이 졸업한 후 사회에서 얼마나 **성공적**

으로 자리 잡을 준비가 되었는지에 대한 것이다. 고등학교 졸업 후 성공적으로 취업을 하거나 대학교에 진학하는 학생 비율로 측정한다. 학생들이 ACT나 SAT에서 몇 점을 받는지, AP과목에서 좋은 성적을 받았는지 등으로 평가한다. 다시 한번 말하지만 이런 표준화 시험 성과는 가족의 빈곤과 강한 상관관계를 맺고 있다. 학교의 영향력은 미미하다.[5]

이러한 여섯 가지 지표를 바탕으로 한 학교 성적표는 '학교 및 학군이 어떤 성과를 내고 있는지 학부모, 지역 공동체, 교육가, 정책 입안자에게 알려주기 위해' 만들어진다. 하지만 이 성적표로부터 실제로 볼 수 있는 것은 학교 내에서 발생하는 일만이 아니라 학교 밖 원인까지 구분되지 않고 마구 섞인 결과다. 콜럼버스 시내 공립학교들이 2018년 오하이오주 학군 평가에서 F를 받은 이유 중 하나는 AP시험에서 좋은 점수를 받은 학교가 3%에 불과했기 때문이다. 아이들이 깨어 있는 시간의 13%만 학교에서 보낸다는 사실을 상기해 보자. 학교 밖에서 보내는 87%를 무시하고 기껏해야 부분적으로만 반영하는 이런 성적표로 어떤 학교가 실제로 잘하고 있는지 제대로 알아낼 수 없다. 오하이오의 성적표는 콜럼버스 학교를 측정하기보다 콜럼버스 학군의 열악한 환경을 더 잘 드러낼 뿐이다.

어떻게 해야 학교 평가를 잘할 수 있을까? 학교의 성과를 제대로 평가하려면 철학자 존 롤스$^{John\ Rawls}$가 공정한 사회를 위해 필요한 원칙을 어떻게 만들어야 할지 조언한 내용을 참고하면 좋다. 롤스는 공정한 세상이 어떤 모습일지를 상상해 보자고 한다. 사회의 규칙을 만드는 시민이라면 '무지의 베일'에서 벗어날 것을 제안한다. 우리는 우리가 어떠한 성별로, 어떤 인종으로, 어떤 능력과 취향을 갖고, 얼마나 부유한 상태에서 태어날지 모른다. 롤스의 주장은 우리가 만들어 가야 할 공평한 사회란 운이 좋건 나쁘건 어떤 지위로 태어나더라도 살아가기에 충분히 괜찮은 사회이어야 한다는 것이다.[6]

마찬가지로 학교를 평가하기 위한 공정한 제도는 교장과 교사들이 어느 학교에나 무작위로 배정되더라도 자신들의 성과가 정확하게 평가될 거라 확신할 수 있게 해야 한다. 지금 우리가 그런 제도를 가졌다고 할 수 있을까? 전혀 아니다. 교사도, 교장도 모두 그 사실을 알고 있다. 교사와 교장들이 부유한 지역의 학교에서 부유한 아이들을 가르치고 싶어 하는 이유도 여기에 있다. 그래야 좋은 평가를 받기 수월하니 말이다. 지금의 평가 방식은 교실 내에서 잘 가르치는가에 대한 것이 아니라 어떤 아이들을 가르치는지에 대한 것이다. 나는 4장에서 설명한 계절 비교 연구 방법을 바탕으로 영향력 지표를 활용한다면 좀 더 나은 학교 평가 방식을 만들 수 있다고 생각한다. 영향력 점

수만으로 효과적인 학교 평가가 담보되는 것은 아닐 테지만 말이다.[7]

학교를 오해하게 하는 큰 원인

대전제에서 제일 큰 문제는 불평등의 근본적 원인으로부터 우리 관심을 엉뚱한 곳으로 돌려놓는다는 점에 있다. 우리 사회는 존 롤스가 말하는 공정한 사회와 거리가 멀다. 학교 밖의 넓은 사회에서 우리는 본인의 의지와 관계없이 부여된 성별, 인종, 능력, 부에 따른 지위를 당연시 여기며 불평등하게 분배된 자원에 만족하기 어렵다. 현재 미국 사회에서는 이러한 요인이 불공정한 방식으로 성공 여부를 빚어낸다. 많은 사람이 사회 구성원이라면 기꺼이 누려야 할 것들을 제대로 누리지 못하고 있다. 하지만 이것은 바뀔 수 있다. 우리는 좀 더 공정한 사회를 만들 수 있다. 그렇게 하기 위해서는 불평등의 진짜 원인을 개선하는 데 우리 힘을 모아야 한다. 학교가 아니라 말이다.

학교가 불평등을 만들지는 않았더라도 불평등을 개선하는 데 유용한 역할을 할 수 있다. 학교는 불평등의 원인이기보다 대체로 사회 불평등을 반영하는 쪽이 현실에 가깝지만, 어찌 되었건 불평등을 줄이고자 할 때 가장 좋은 수단이 될 수 있다. 몇몇 연구에서는 가난한 아이들을 성과가 좋은 학교로 보내면 실력이 향상된다고 보고한다. 어쩌면 이유를 막론하고 훌륭한 성과를 내는 학교의 성공 사례와 경험을 전국 수준으로 확대한다면 사회적 수준에서도 학업성취도 격차를 줄일 수 있을지 모른다.

나는 훌륭한 성과를 내는 학교가 어떻게 하고 있는지 파악하고 그 정보를 공유하는 일에 찬성한다. 다만 이러한 접근이 학업성취도 격차를 줄이는 데 어떤 의미를 갖는지 명확히 생각해 볼 필요는 있다. 이런 연구들은 가난한 아이들이 부유한 아이들에 비해 훨씬 열악한 학교 내 학습 환경을 견뎌왔다고 암묵적으로 가정한다. 그래서 가난한 아이들을 훌륭한 학교로 보내면 격차가 완화될 수 있다고 생각하는 것이다. 하지만 4장에서 확인했듯 현실은 그렇지 않다. 현재의 교육 제도 내에서 빈곤한 지역 학교나 부유한 지역 학교 모두 학습 기회는 비슷하게 제공하고 있다. 그렇다면 이런 연구는 뭘 보여주는 것일까? 가난한 아이들이 현재 받고 있는 보통의 학교 교육보다 **훨씬 나은** 학교 교육을 제공받는다면 학업성취도 격차가 줄어들 수 있다는 것이다.

자, 이제 뭐가 문제인지 분명해진다. 학교 개혁을 통해 학업성취도 격차를 의미 있는 수준까지 줄이기 위해서는 가난한 아이들이 부유한 아이들에 비해 훨씬 나은 학교 교육을 누리도록 국가 교육 제도가 재편되어야 한다. 빈곤한 학군에 예산을 더 조금 더 책정하거나 실력이 검증된 교사를 더 많이 배정하는 수준의 이야기가 아니다. 불평등이라는 공고한 벽에 흠집이라도 낼 수준이 되려면 가난한 아이들은 부유한 아이들에 비해 1.5배 이상 더 좋은 학교에 다녀야 한다.[8] 누가 봐도 어마어마한 차이라 여길 정도로 질적으로 더 나은 교육이 제공되어야 한다.

이러한 로빈 후드 방식의 학교 자원 재분배에 동의하는 사람도 있겠다. 하지만 이런 식의 학교 개혁은 정치적으로 난망하다. 1990년대 이후 오하이오주에서 모든 학교에 '균등하게' 예산을 배분하려는 과정만으로도 제3차 세계대전을 방불케 하는 어려움이 있었다. 유권자들이 빈곤 지역의 학교에 '더 많은' 자원을 제공하는 제도를 지지할 것이라 기대하기는 더 어렵다. 학교 문제는 주 정치에서 상당한 이목을 끄는 주제다. 학부모들은 내 자녀가 아닌 다른 아이들에게 더 많은 지원이 가는 것을 반기지 않는다. 빈곤 지역의 어려움을 보완하여 불평등을 줄이는 정책들은 다 식어버린 다음에 먹어도 괜찮은 음식과 다름없다. 사람들은 자신의 일상에서 그 결과를 직면하지 않아도 되는 경우에만 재분배에 동의하는 경향이 있다는 말이다. 예를 들면, 학교 개혁보다는 조세 항목을 미묘하게 조정하는 방식이 더 효과적이다.

가난한 아이들에게 부유한 아이들에 비해 훨씬 더 좋은 학교 교육을 누릴 수 있게 만드는 데 성공했다고 하자. 그러한 상황에서조차 불평등을 해소하기 위한 최선의 방법을 택한 것인지에 대한 의문은 여전히 남는다. 아이들이 유치원에 들어가는 시점에 이미 성취도 격차의 대부분이 형성되었다는 점을 상기해 보자. 학교 개혁을 통해 격차를 줄이는 데 성공했다고 하더라도 애초에 큰 격차가 생기지 않도록 하는 편이 더 합리적이다. 2016년에 나와 콘드론이 함께 쓴 논문을 인용해 보겠다.

마라톤 대회에서 A는 B보다 1시간 늦게 출발했다. A는 B보다 1시간 늦게 결승선을 통과했다. A가 다음에는 '좀 더 빨리 달려서 격차를 좁혀야지'라고 생각하고 더 열심히 훈련에 매진할 수도 있다. 하지만 가장 간단한 방법은 B와 같은 시간에 출발하는 것이다. 마찬가지로 계속되는 학교 개혁을 통해 SES에 따른 성취도 격차를 줄일 수는 있다. 다만, 우리는 아이들이 같은 출발선에 설 수 있게 노력하자고 제안한다. SES에 따른 인지 능력의 격차는 이미 유치원에 들어가기 이전에 발생하고 학교가 시작된 이후에는 눈에 띄게 확대되지 않는다.[9]

그럼, 어떻게 해야 할까?
학교가 불평등의 주범이 아니라 사회적 불평등을 반영할 뿐이고, 학교 개혁이 문제 해결을 위한 효율적인 방법이 아니라면 어떻게 해야 할까? 첫째, 학생이 보여주는 교육적 결과의 책임을 학교에 묻고 싶다면 학교가 통제할 수 있는 부분에 대해서만 묻자. 4장에서 영향력 모형의 결과는 부가가치 모형으로 학교 성과를 측정한 결과가 빈곤 지역 학교의 성과는 과소평가하고 부유한 학교의 성과는 과대평가한다는 점을 보여주었다. 낮은 점수처럼 눈에 보이는 결과물은 모든 문제를 교사나 학교 탓으로 돌리기 쉽다. 그렇게 되면 교사는 가난한 학군에서 근무하기를 꺼리고, 학부모는 자녀를 열악한 학교에 보내고 싶어 하지 않을 것이다.

둘째, 학교 간 교육 관행과 실천에서 차이가 있더라도 그로 인해 불평등이 재생산된다고 생각해서는 안 된다. 예를 들어, 부유한 아이들이 많이 다니는 학교에 비해 가난한 아이들이 주로 다니는 학교에 AP수업 예산이 적게 배정되었다고 생각해 보자. 일부 학자들은 학교가 학생들의 배경에 따라 차등적인 교육 기회를 제공한 증거라고 해석할 수 있다. 가난한 아이들이 부유한 아이들에 비해 더 적은 AP수업의 기회를 얻게 되었으니 꼭 틀린 말은 아니다. 그러나 이러한 문제가 곧 교육 불평등을 야기한다고 보는 것은 옳지 않다. 가난한 아이들이 다니는 학교는 고급 프랑스어 AP수업에 사용할 예산을 학업 부진 학생들을 위한 보충 수업에 투입하면서 최대한 생산적인 선택을 한 것일 수 있다. 학교는 불평등을 발생시키기보다는 학교로 반영되는 사회적 불평등에 합리적으로 대응하곤 한다. 이 학교가 보충 수업 대신 고급 프랑스어 수업에 예산을 사용했다면 아마 불평등은 더욱 심각해지지 않을까?

셋째, 학교가 사회의 불평등을 반영한다는 사실을 인식하게 되면 인종이나 사회경제적 지위에 따른 거주지 분리 현상이 어떤 의미를 갖는지도 다시 생각하게 된다. 학교들이 가르치는 것이 대체로 비슷하다는 사실을 깨닫게 되면 부유한 부모가 자기 자녀를 굳이 부유한 집 출신 아이들이 많이 다니는 학교에 무리해서 보내려는 경향, 그래서 비슷한 배경의 학생들끼리 같은 학교들로 모이는 경향도 줄어들지 않을까? 가난한 지역의 학교보다 부유한 지역의 학교에서 훨씬 잘 배울 수 있다는 대전제는 서로 다른 가족 배경을 가진 아이들 간 학교 분리 현상을 심화시킨다.[10]

학교 분리는 중요한 문제다. 아이들은 학교에서 공부를 잘하는 친구들과 함께 있을 때 더 나은 교육적 성과를 거둔다.[11] 공부를 잘하는 아이들은 학교 공부에 충실하고 학업과 관계없는 문제 행동도 덜 한다. 학교에서 아이들의 행동은 좋은 행동이건 좋지 않은 행동이건 '유행병'처럼 쉽게 전염된다. 이 과정은 학교가 어떤 학생들로 구성되는가에 따라 민감하게 영향을 받는다. 연구자들은 빈곤을 겪고 있는 가족들이 한 지역에 집중되는 경우 불평등이 심화될 가능성이 크다고 밝혔다. 학교도 마찬가지다. 학교 분리는 불평등을 강화시키는 사회적 원동력이다.

그런데 분리 현상을 학교라는 렌즈를 통해서만 바라보면 문제가 된다. 학교 분리는 거주지 분리로 인한 현상이다. 아이들이 어느 학교에 다닐지는 일차적으로 어디에 살고 있는지에 따라 정해진다. 그런데도 소득이나 인종에 따른 학교 분리 문제를 학교 개혁을 통해 해결하려고 하는 경우가 많다. 가난한 도심 지역 아이들을 버스에 태워 부유한 중산층 교외 지역 학교로 보내고자 했던 정책이 그런 시도 중 하나다. 부모들에게 학교를 직접 선택할 수 있는 권한을 제공하는 정책, 인종 혹은 계층 간 통합을 촉진할 수 있는 형태로 학군을 재구획하는 정책 모두 같은 맥락에서 이해할 수 있다. 생각해 보자. 애초에 극단적인 거주 분리가 존재하지 않는다면 굳이 학교를 통해 학교 분리를 해결하려는 시도도 필요 없다. 학교 내 문제를 심각하게 만드는 건 학교 내 분리가 아니라 학교 밖의 분리다.[12]

학교 밖 거주지 분리는 우리가 어쩔 수 없으니 안고 갈 수밖에 없는 문제로 생각할지도 모르겠다. 자기와 비슷한 사람들과 어울려 살기를 선호하는 건 인간의 본성이니 현실로 받아들여야 한다고 생각하는 사람도 있을 수 있다. 하지만 나는 그렇게 생각하지 않는다. 거주지 분리 현상은 자연스럽게 일어난 일이 아니다. 정부 기관에 의해 의도적으로 설계된 결과다.

1934년 제정된 국민주택법National Housing Act은 흑인 가정이 많이 모여 사는 지역을 대출 신용 위험지역으로 지정했다. 정책이 인종에 따른 거주지 분리를 촉발한 셈이다. 현재 거주지 통합을 유도하는 다양한 정책안이 제안되어 있고, 이들이 잘 시행되면 폭넓은 학교 통합으로 이어질 수 있다. 「주거 정책이 곧 학교 정책Housing Policy is School Policy」이라는 제목의 보고서에서 헤더 슈월츠Heather Schwartz는 학교 분리를 해결하기 위한 유용한 방안을 제시한다. 새로운 주거지역을 건설할 때 건설사는 일정 비율의 저소득 주택을 의무적으로 포함하도록 만들자는 것이다.[13] 그렇게 되면 가난한 이들의 현실과 유리된 채 비슷한 사람들끼리 모여 사는 폐쇄적인 공동체가 만들어질 가능성을 줄일 수 있다.

끝으로 불평등 문제는 우리가 생각한 것보다 거대한 문제이고 다루기 어렵다는 이 책의 메시지가 누군가에게는 실망스러울 수 있다. 그렇게 느꼈다면 이 책을 제대로 읽은 셈이다. 그럼에도 내가 발견한 한 줄기 낙관적인 면도 이야기하면서 마무리하고 싶다. 이 책은 교육 불평등 문제의 진짜 원인으로 논의의 관심을 전환하는 것에 가치를 둔다. 지난 수십 년간 학교 밖에서 심각해진 불평등, 다른 선진국 사람들에 비해서 미국인들이 부모-자녀 세대 간 지위 향상을 이루기 어렵게 만든 그 불평등 말이다. 그리고 우리는 이 불평등을 줄일 수 있다. 줄여야만 한다.

학교 밖으로 우리의 관심을 넓혀야 하는 다른 이유는 작금의 불평등 수준은 공정한 경쟁의 결과가 아니라는 데 있다. 불평등을 줄여야 하는 이유는 사회가 이룩한 풍요로움이 모두에게 공유되지 않기 때문이다. 공정한 사회라면 국가 전체의 부가 증가할 때, 모두의 삶이 조금씩은 나아져야 한다. 그러나 우리는 지난 수십 년간 발생한 경제적 이익이 최상층으로 집중되는 상황을 경험하고 있다. 1979년에서 2016년 기간 동안 인플레이션을 감안한 상위 1% 가구의 평균 소득은 118% 증가했지만, 하위 20%의 경우 겨우 33% 상승했을 뿐이다.[14]

그렇다면 보다 넓은 사회의 불평등을 줄이려면 어떻게 해야 할까? 간단한 대답은 복지국가를 확대하는 것이다. '복지'라는 말만 듣고도 움찔하는 사람들이 있다. 일은 하지도 않으면서 공돈이나 받으려는 게으르고 한심한 사람의 모습이 즉각 떠올랐을 것이다. 그러나 복지국가를 언급하면서 내가 그리는 바는 개인이 일상에서 닥칠 수 있는 위험을 줄여주는 것에 가깝다. 모두가 이런저런 위험에 직면한다. 몸이 아플 수도 있고, 새 일자리를 구하는 데 필요한 기술도 배워야 하고, 일자리를 찾고, 실직을 견뎌내고, 새 가정을 꾸리고, 은퇴하는 일 모두 해당한다. 생애를 거치며 일어나는 이런 일들 하나하나는 그리 대단해보이지 않을지 몰라도 결국에는 모여서 우리 삶을 상당히 불확실하게 만들 수 있다. 많은 사람에게 이런 일은 운전하다 과속방지턱에 덜컹거리는 정도로 별일 아닐 수 있지만, 어떤 사람들은 방지턱을 넘지 못하고 완전히 도로 밖으로 벗어나기도 한다. 공교육이나 메디케이드Medicaid, 메디케어, 사회 보장 등 이미 시행하고 있는 복지정책으로 개인 수준의 생애 위험을 완화하는 방법도 있다. 하지만 다른 선진국에 비해 미국은 개인이 경험하는 위험을 완화해 주는 폭이 훨씬 작다. 더 확대할 필요가 있다.

몇몇 학자들은 결국은 미국도 그러한 방향으로 가게 될 것이라 낙관적으로 전망한다. 레인 켄워디Lane Kenworthy는 「미국 사회민주주의의 미래America's Social Democratic Future」라는 제목의 논문에서 미국도 결국 정부의 역할을 확대하고 개인의 위험, 특히 취약 계층의 위험을 줄이는 방향으로 나아가게 될 가능성이 큰 이유를 다음과 같이 설명한다.

미국의 정책 입안자들은 경제적 안전성, 기회 평등, 생활수준 향상을 추구하는 데 있어 정부 역할이 더 커지는 편이 유리하다는 점을 깨닫게 될 것이다. 그리고 결국 그 방향으로 국가를 움직이고자 할 것이다. 항상 성공한다는 보장은 없다. 성공하기도 하고 실패하기도 할 것이다. 과거부터 그래왔던 것처럼 진보는 점진적으로 이뤄진다. 일단 새로운 정책이 도입되면 한동안 지속된다. 정책이 효과가 좋으면 사람들에게 인기를 얻는다. 그렇게 되면 반대 측에서 그 정책을 없애기가 몹시 어렵다. 끊임없이 전진하다 보면 가끔 일 보 후퇴하더라도 이따금 내딛는 큰 도약으로 변화를 만들 수 있다. 정부의 복지정책은 누적 효과를 내며 의미 있는 방향으로 확대될 수밖에 없다.[15]

비록 2020년 현재의 미국 정치 풍토가 이런 방향으로의 변화에 호의적이지 않더라도, 역사의 긴 흐름은 결국 복지국가의 확대와 모든 시민의 더 나은 삶을 향해 있다는 것이 켄워디의 주장이다. 미국은 결국 개인의 위험을 함께 공유하며 아메리칸드림에 어울리는 사회를 향해 움직일 것이라고 한다. 국가는 부유해질수록 위험을 오롯이 혼자 감내하며 고통을 견디는 국민의 존재를 반기지 않는다. 미국도 예외는 아니다. GDP 대비 미국 정부의 복지정책 총지출이 1920년 12%에서 2007년에는 37%로 증가했다.

켄워디 말이 맞기를 바란다. 미국에서 정부 역할이 확대되고 취약 계층 사람들이 겪는 위험이 분산되어 사회 전반의 불평등이 줄어들기를 바란다. 이 길은 다른 선진국에서 자국민을 대하는 방식을 따르는 길이기도 하다. 물론 이 길이 쭉 뻗은 직선 도로일 리는 없다. 길을 완전히 잘못 들어온 것처럼 보이는 순간들이 있을 것이다. 2018년 트럼프 대통령이 어떻게 봐도 불평등을 증가시킬 것이 자명한 「세금 감면 및 일자리에 대한 법안Tax Cuts and Job Act」에 서명했듯이 말이다.

미국의 가치인 평등한 기회와 공정한 대우가 실현되는 사회를 향한 노력은 지난한 투쟁 끝에 이뤄질 것이다. 투쟁이 얼마나 오래 지속될 것인지는 우리가 자원을 효과적인 방향으로 투입할 수 있는지에 달려 있다. 많은 학자와 정책 입안자에게는 학교 개혁을 통해 불평등을 줄이는 것이 그 노력의 방향인 것처럼 보인다. 하지만 이런 생각은 학교가 불평등의 주범이라는 대전제를 따르는 것이다. 대전제는 현실이 보여주는 증거와 맞지 않는다. 더욱 정의로운 사회를 위한 우리 노력을 가장 생산적으로 만들려면 학교가 왜, 어떻게 중요한지 제대로 이해하는 것에서 시작해야 한다.

감사의 말

이 책을 쓰는 데 큰 도움을 준 세 사람에게 우선 감사를 표현하고 싶다. 인디애나대학교 대학원에서 박사과정을 밟던 시절 지도교수였던 브라이언 파월은 내게 좋은 사회과학 연구란 무엇인지에 대한 기본을 가르쳐 주었다. 브라이언은 내가 내린 결론 이외에도 어떤 대안적인 설명이 가능한지 고민하고 자료로 엄밀하게 탐색하는 것을 내게 가르쳐 줬다. 브라이언은 상당히 까다로운 지도교수였다. 생각을 더 명료하게 정리하고 항상 더 나은 분석을 추구하도록 끊임없이 밀어붙였다. 그가 연구하는 것을 지켜보면서 나도 다른 사람들의 주장에 의문을 제기할 때 관련 증거를 더욱 포괄적으로 살펴보면 그 이야기가 어떻게 바뀔 수 있는지 질문할 수 있게 되었다. 이 책을 포함한 대부분의 내 연구는, 자료를 더 주의 깊게 살펴보면 기존의 이야기가 항상 유효하지 않을 수 있다는 점을 보여주는 데 방점을 두고 있다. 브라이언은 최근 스펜서 재단으로부터 우수 교수자 상을 받았다. 항상 학생 지도에 엄청난 노력을 하시는 분이시기에 이렇게 공로를 인정받는 것이 매우 기쁘다. 박사학위를 받은 지 28년이나 되었지만, 여전히 나는 브라이언으로부터 받은 훈련 덕을 보고 있다.

또한, 나와 많은 연구 작업을 함께 해온 폴 본 히펠Paul von Hippel 에게 감사 인사를 보낸다. 내 학계 경력에서 폴과 나와의 관계는 약간 특이하다고 할 수 있다. 폴은 오하이오주립대학교 사회학과에서 내가 지도한 학생이었다. 우리 관계가 특이하다고 한 건, 내가 폴에게 가르친 것보다 폴이 나에게 가르쳐 준 것이 더 많기 때문이다. 우리 둘 다 이 사실을 잘 알고 있지만 그것을 떠벌리고 다니지 않아 주니 폴은 참 괜찮은 친구다. 폴은 특출나게 뛰어난 통계학자다. 계절 비교 연구를 가능하게 한 통계 모형을 개발한 것도 폴이다. 학교와 불평등 관계에 대한 이론적 이해에도 상당한 기여를 했다. 학기 중과 방학 기간을 비교할 때, 사회경제적·인종적·민족적 격차를 보는 것 외에도 성취도의 전반적인 변이를 살펴보는 것이 불평등 양상을 더 종합적으로 포착하는 방식이라는 것 역시 폴의 아이디어다. 폴은 자료가 보여주는 근거가 분명할 때 세상에 대한 자신의 생각을 기꺼이 바꾸는 사람이다. 내가 가장 존경하는 부분이다. 학문적으로 엄격하면서도 유연한 사고를 하는 사람은 매우 드물다. 하지만 폴은 딱 그런 사람이다.

마지막으로 내가 이 책과 관련해 특별한 감사를 전하고 싶은 사람은 내 아내 모^{Mo}다. 몇 년 전 우리가 함께 오하이오 갬비어에서 열린 어느 모임에서 나눴던 대화가 이 책을 쓰는 데 하나의 계기가 되었다. 우리는 콜럼버스까지 운전해서 갈 때 가장 좋은 길이 229번 도로인지, 36번 도로인지에 대해 논쟁했다. 나는 수년간 통근 경험을 바탕으로 내가 자료를 어떻게 수집했는지, 변수는 어떻게 측정했는지 일일이 설명했다. 그리고 229번 도로를 타는 것이 30초 정도 빠르다는 결론까지 설명했다. 금요일에는 1분 정도 더 빠를 수 있다고도 덧붙이면서. 나는 모두 나에게 고맙다고 인사하기를 은근히 기다렸다. 신중하게 자료를 모으고 분석해 줘서 고맙다고, 유용한 정보라 말해줄 거라 기대했다. 하지만 아무도 그런 반응을 보이지 않았다. 다들 자기 신발만 멀뚱히 볼 뿐이었다. 곧 화제가 바뀌었다. 집에 돌아오는 길에 모는 내 액셀에 뭐가 들어 있는지 듣고 싶어 하는 사람은 아무도 없다고 말해줬다. 사람들은 그저 콜럼버스로 오갈 때 어떤 길로 가는 걸 좋아하는지 이야기를 나누고 싶었던 거지 내 자료에는 관심이 없다는 것이었다. 이날의 일은 꽤 오래 날 고민하게 했다. 이 책이 2부로 구성된 이유도 여기에 있다. 내가 말하고 싶던 내용은 1부에 다 담겨 있다. 자료와 증거에 대한 것. 하지만 모는 내가 내미는 증거를 사람들이 별로 보고 싶어 하지 않을 때는 그 이유가 있는 것이라며 그 이유에 대해서도 생각해 봐야 한다는 점을 알려줬다.

스탠퍼드대학교의 행동과학 고등연구소Center for Advanced Study in Behavioral Sciences에도 감사를 표한다. 나는 2017~2018년에 천국과도 같은 그곳에서 안식년을 보내며 이 책을 시작할 수 있었다. 어느 날 마거릿 리비Margaret Levi 소장과 점심을 먹으며 이 책에 담긴 내용에 관해 이야기를 나눴는데 그때 그가 더 넓은 독자들에게 알리면 좋지 않겠냐고 격려해 준 것이 계기가 되었다. 결국 그런 목적으로 이 책이 쓰인 셈이다. 네덜란드의 라드보드대학교에도 감사의 말을 전한다. 사회학과에서 2019년 몇 개월간 초청해 준 덕분에 더할 나위 없이 훌륭한 학술적 여건 속에서 이 책을 마무리할 수 있었다. 그때 나를 맞아줬던 허버트 크라이캠프Herbert Kraaycamp와 마그리에트 판 헤크Margriet van Hek에게 감사한다.

이 책의 바탕이 된 내 연구들은 스펜서 재단, 윌리엄 T. 그랜트 재단, 세이지 재단으로부터 연구비 지원을 받아 진행되었다. 감사를 표한다. 아래 적은 바와 같이 여러 대학교 및 모임에서 책에 대한 아이디어들을 발표하면서 얻었던 피드백이 책을 완성하는 데 큰 도움이 되었다. 이 또한 감사하다. 2019년 라드보드대학교; 2018년 스탠퍼드대학교, 노트르담대학교, 스칸디나비아 조직 연구 컨소시엄; 2017년 WZB 베를린 사회과학 연구소, 크레인 초기 아동기 정책 연구소; 2016년 예일대학교; 2015년 옥스퍼드대학교, 듀크대학교; 2014년 뉴욕대학교; 2013년: 존스홉킨스대학교, 하버드대학교; 2012년: 버지니아대학교, 펜실베이니아주립대학교 2011년 예일대학교; 2010년: 에모리대학교; 2009년 맥마스터대학교; 2008년 미네소타대학교, 플로리다주립대학교.

부록 A: 초기 아동기 종단 자료(「ECLS-K: 1998」과 「ECLS-K: 2010」)

1998년에 유치원에 입학한 2만 1,260명의 아이들을 추적한 초기 아동기 종단 자료Early Childhood Longitudinal Study(「ECLS-K: 1998」)는 국립교육통계센터에서 수집한 전국단위 자료다. ECLS-K는 다단계 확률 표집 방식을 적용, 1차로 카운티 단위에 기반하여 지역 크기에 비례해 표본집단 100개를 선정하였다. 그런 다음 표본집단 내에서 약 1,200개 학교를 표집하여 학교마다 24명의 학생을 조사하였다. 학생들은 유치원을 졸업하는 시점, 1학년 말, 3학년 초, 5학년 말에 평가받았다. 평가는 교사들에 의해 이루어졌다. 이 자료는 유치원이 끝나는 시점과 1학년이 시작하는 시점에 약 3,500명의 학생을 무작위로 추출하여 조사했다는 점에서 계절 비교 연구자에게 의미가 있다. 여름방학 동안 일어난 학습에 대해 추정할 수 있기 때문이다.

2010년에 유치원에 입학한 1만 6,450명의 아이에 대해서 초기 아동기 종단 자료가 새롭게 수집되었다(「ECLS-K: 2010」).[1] 1998년 자료와 마찬가지로 1차로 표본집단을 선정한 후 약 1,000개 학교를 표집하여 학교마다 19명의 학생을 조사하였다. 유치원에 들어간 시점과 졸업하는 시점, 초등학교에 들어간 시점과 1학년이 끝나는 시점에 조사가 이루어졌다. 1학년과 2학년이 시작되는 시점에 표본의 30%에 해당하는 학생을 대상으로 조사가 이루어졌기 때문에 유치원 이후와 1학년 이후의 여름방학 중 일어난 학습을 추정할 수 있었다. 「ECLS-K: 2010」 자료는 3, 4, 5학년이 끝나는 시점에도 조사가 이루어지긴 했으나 학년이 시작되는 시점에서의 정보가 없어 분석에 포함할 수 없었다.

부록 B: 계절 비교 연구의 한계

모든 경험 연구가 그렇듯 계절 비교 연구를 하기 위해서는 몇 가지 가정이 필요하다. 하나는 국어나 수학 성취도 같은 인지 능력 척도에 있어서 점수가 향상된다고 할 때, 점수가 저조한 아이들의 점수가 오르는 것과 이미 높은 점수를 거두고 있는 아이들의 점수가 오르는 것 사이에 구분을 두지 않고 동일하게 보는 것이다. 4장에서 살펴본 바와 같이 학업성취도가 낮은 아이들의 성취도 향상 가능성이 상대적으로 크다면 가난한 아이들이 다니는 학교가 일반적인 생각보다 훌륭한 학습 성과를 내고 있다는 계절 비교 연구 결과를 그대로 받아들이기 어려워진다. 가난한 아이들이 많이 다니는 학교가 실제로는 상당히 열악한 학습 환경을 제공함에도 워낙 아이들의 성취도가 저조했기 때문에 성취도 향상이 더 쉽게 되었을 뿐이고 그 결과 별문제 없이 보일 수 있기 때문이다. 이런 우려는 아이들이 어릴수록 학습 성장 속도가 더 빠르고, 학년이 올라갈수록 느려지는 것과 마찬가지다.

이 문제는 저성취자 사이에서 성취도 수준이 한 단위 증가하는 것과 고성취자들 사이에서 한 단위 증가하는 것을 비교할 수 있게 맞춰주는 등간수준 척도interval-level scales를 사용해 해결할 수 있다. 문제는 심리측정학자들이 그런 척도를 개발해 왔음에도 그런 척도들이 얼마나 잘 작동하는지 알기 어렵다는 점이다. 더구나 발로Ballou(2008)에 따르면 등간수준 척도를 만들었다 하더라도 측정하려는 구성물이 무엇이냐에 따라 작동하지 않을 수도 있다. 예를 들어, 한 척도가 인지 능력을 측정할 때는 등간이 성립되고 적절하게 작동할 수 있지만, 교사나 학생이 성장을 위해 필요한 노력의 양을 측정하고자 할 때는 등간이 성립되지 않아 사용할 수 없는 경우가 있을 수 있다. 따라서 국어나 수학 성취도를 등간수준 척도로 제대로 조정한다고 하더라도* 교사가 낮은 점수의 학생들을 가르칠 때 더 수월하게 성과를 낼 수

---

* 낮은 점수가 더 쉽게 올라갈 수 있다는 점을 조정한다는 의미.

있다는 점은 변하지 않을 수 있다. 내가 아는 한 이런 가능성을 검증할 방법은 아직 없다.

그렇다면 계절 비교 연구가 가난한 아이들이 주로 다니는 학교(대개 학업성취도가 더 낮은 아이들이 많은 학교)의 학습 발달 정도를 과대 추정했을 가능성이 있는 것이 아닐까? 이에 대해 더 많은 학술적 논의가 필요하겠지만, 계절 비교 연구의 결과를 의심해야 할 수준은 아니라고 생각한다. 계절 비교 연구의 장점 중 하나는 학기 중과 방학을 비교한다는 것이다. 척도의 아래쪽에서 시작할 때 점수를 높이기가 정말 더 쉽다고 한다면 그것은 학기 중이나 방학 동안이나 마찬가지일 것이다. 척도에 대한 우려를 학기 중에는 적용하고 방학 중에는 적용하지 않을 수는 없다. 물론 학기 중과 방학 중에 이 문제가 동일하게 적용된다 하더라도, 학기가 지속되는 기간이 방학보다 길기 때문에 학교의 중요성에 대한 우리 결론이 여전히 편향되었을 가능성이 있다. 이러한 이유로 나는 데이비드 퀸, 멀리사 앨카라즈와 함께한 연구에서 유치원 입학 시점을 조정한 모형을 통해 학교 '영향력'을 추정(4장에서 다루었음)했다(자세한 내용은 Downey, Quinn and Alcaraz 2019 참고). 이 영향력 모형을 이용하여, 인지 발달이 더 빠른 아이들이 부유한 학교에 더 많이 입학한다는 전제 아래 이런 학교들에서 학교 기반 학습이 더 많이 이뤄지는지를 알아볼

학교의 재발견

수 있다. 분석 결과, 가난한 아이들이 많이 다니는 학교나 부유한 아이들이 주로 다니는 학교나 국어 및 수학 성취도에서 출발 수준은 다르지만 학교에서 이뤄지는 학습은 유사하게 나타났음을 확인할 수 있었다.

이 문제를 우회할 수 있는 또 다른 방법은 등간 측정에 필요한 가정 대신 특정 집단의 상대적인 위치가 학기 중과 방학 동안 어떻게 변화하는지 보는 것이다. 이러한 비모수적인nonparametric 방법으로도 마찬가지의 결과를 얻을 수 있었다.

이런 식의 교차연구 설계를 할 때 하게 되는 또 다른 가정은 처치 기간과 통제 기간 사이에 파급 효과가 없다는 것이다. 이 덕분에 계절 비교 방식을 통해 학교와 학교 밖 영향을 깔끔하게 분리할 수 있게 된다. 학교와 학교 밖 요인들이 복잡하게 서로 얽혀 있다는 점을 생각해 보면 이렇게 둘을 구분하는 것은 거의 불가능한 일이다. 따라서 계절 비교 연구는 둘 사이의 관계를 명확히 구분했다는 가정 위에서 학교 효과를 추정할 뿐이다.

사실 둘 사이를 명확히 구별하는 것은 여러 가지 이유로 불가능하다. 약물을 처치한 기간과 그렇지 않은 기간을 비교해서 약물의 효과를 추정한다고 상상해 보자. 처치된 약물이 환자의 몸에 오래 남아서 약물을 처치하지 않은 기간에도 약물의 효과가 관찰될 수 있다. 계절 비교 연구는 학기 중 학교 효과가 방학 중에는 지속되지 않는다고 가정해야 한다. 만일 학교에서 여름방학 동안 독서 교실을 열어서 제공한다고 하면 학교가 방학 동안에도 영향을 미치는 것이다. 그 결과 학교 효과를 추정하는 과정에 오염이 발생할 수 있다. 학교가 방학 중 아이들의 학습에 얼마나 영향을 미치는지에 따라 계절 비교 연구는 학교 효과를 제대로 분리하지 못한 게 된다.

게다가 아이들은 정규 교육이 시작되기 전에도 학교와 같은 교육 기관에서 교육받거나 여름 학교 프로그램 등을 통해 학습하기도 한다. 이런 경우, 학교 밖 기간이라 정의한 개념은 훼손된다. 이 문제를 해결할 뾰족한 방법은 딱히 없다. 유치원 진학 시점에 이미 나타나 있는 인지 능력 점수가 꼭 학교 밖 환경의 결과만 반영해 보여주는 것은 아닐 수 있음을 인정할 수밖에 없다. 물론 아이들의 학업성취도가 초·중등학교 교육으로부터 영향을 받기 이전이라고 말하는 것은 가능하다. 마찬가지로 방학 중 학교에서 운영하는 프로그램에 아이들이 참여하게 되면 학교로부터 독립된 학교 밖 학습에 대한 추정이 오염된다. 그래서 내가 이 책에서 주로 다룬 계절 비교 연구들은 여름방학 중 학교에서 제공하는 프로그램에 참여한 아이들을 제외하고 진행되었다.

또 한 가지 한계는 방학 중 학교에서 여름 프로그램이 열릴 때 그 프로그램에 참여하지 않는 아이들에게도 학습에 어느 정도 영향이 갈지에 대해서는 알기 어렵다는 점이다. 우리 연구에서도 학교가 학생들에게 내준 방학 중 독서 목록이나 과제 정보가 있어 그 효과를 어느 정도 측정할 수 있었다. 비록 제한된 정보지만 아이들의 방학 중 학습에 별다른 영향이 나타나지 않았다는 점을 주목하자. 따라서 지금까지의 밝혀진 근거들을 바탕으로 볼 때 학교가 방학 중 학생들의 학습에 유의미한 파급 효과를 가지지는 않는다고 가정하는 것은 합리적인 것으로 보인다.

파급 효과와 관련해 한 가지 실질적인 문제가 있다. 학생들은 개학 첫날과 학기 마지막 날에 시험을 치르는 것이 아니기 때문에 방학이라고 설정한 기간에 학교를 다닌 기간이 어느 정도 포함되어 추정치를 오염시킨다. 「ECLS-K:1998」 자료를 예로 들어보면, 10월 10일과 4월 4일에 평가가 각각 이루어졌다. 일반적으로 8월 말에 학기가 시작해 6월 초에 끝나기 때문에 방학 중 학습 추정치는 방학 외에도 방학 전후 각각 7~8주, 전체 약 15주 정도의 학교 교육의 영향이 포함된다. 계절 비교 연구를 수행하는 학자들은 이 문제로 인한 영향을 통계적 모형(학교에서의 학습 분량을 통계적으로 추정해서 여름방학 학습 추정치로부터 제외하는 방식)을 통해 최소화하는 시도를 하고 있긴 하지만 실제로 문제가 충분히 해결되었는지 확신하기는 어렵다.

끝으로 우리는 인지 능력 불평등에 학교 교육이 미치는 인과적 효과를 알고 싶긴 하지만 실제로 아이들이 학교를 더 다니거나 덜 다니게 될 때 불평등이 어떻게 달라질지 알아내기는 어렵다. 계절 비교 연구의 논리는 방학 동안 일어나는 일을 통해 학교가 열리지 않을 때 어떤 일이 일어날지 엿볼 수 있다는 것이다. 하지만 그렇다고 방학을 줄이거나 없애면서 학교 출석 기간을 연장할 때 어떤 변화를 목도할 수 있을지 예측하기는 쉽지 않다. 다시 말해 1년에 180일이 아니라 220일간 학교에 다니도록 하면 불평등이 줄어들까, 아닐까? 명확히 알 수 없다. 단축된 방학 동안 나타나는 패턴이 실제로 학교가 열리지 않는 반사실적 상황을 보여준다고 할 수 있을까? 학기가 늘어나도 부모들이 딱히 단축된 방학 동안 자녀 교육과 관련한 행동을 크게 바꾸지 않는다면 그럴 수 있다. 만일 학교가 수업일 수를 늘리는데 사회경제적 지위가 높은 학부모들은 그만큼 학교 밖에서 학습에 대한 투자를 늘리고, 사회경제적 지위가 낮은 학부모는 그렇지 않는다면 학기를 늘리는 것이 오히려 인지 능력 격차를 크게 만들 수도 있다.

부록 C: 사회과학자들은 학교와 불평등 문제를 어떻게 연구해야 할까?

이 책은 일반 독자를 대상으로 하고 있지만, 사회과학자들이 학교와 불평등에 관한 연구를 할 때 접근 방식을 재고하는 계기가 되길 바라는 것도 있다. 관련 연구를 수행하는 학자들에게 몇 가지 제안 사항을 남겨본다.

(1)우리는 학교 효과를 어떻게 식별해 낼 수 있을지를 좀 더 진지하게 고민해야 한다. 아이들이 보여주는 결과가 학교와 학교 밖 요인 모두에 의해서 형성되기 때문이다. 아이들은 깨어 있는 시간의 대부분을 학교 밖에서 보낸다(87%). 훌륭한 연구자라면 이러한 교란 효과를 엄격하게 처리할 것이다. 가장 일반적인 방식은 학교 밖 요인을 통계적으로 통제함으로써 학교 효과

를 분리해 내는 것이다. 그러나 아이마다 서로 다른 학습 속도에 대해 대부분의 설문 자료는 포착하지 못하고 있기에 이러한 방법은 적절하지 않다.

(2)무작위 할당을 통한 실험적 연구라면 학교 효과를 분리해 내기 적합하다. 그러나 실험 연구는 주로 '특정 학교는 다른 학교들에 비해 아이들의 학습을 촉진하는 데 더 효과적인가'라는 질문을 던지는 경향이 있다. 대답은 당연한 말이지만 '그렇다'다. 이런 식의 접근은 '학교에 다니는 것이 불평등에 어떤 영향을 미치는가'와 같은 더 큰 질문에 대해서는 별다른 답을 제공해 주지 못한다.

(3)학기 중에 발생하는 상황만 관찰하는 비실험 연구를 바탕으로 학교 효과를 알아내려는 것은 적절하지 않다. 비처치 기간과의 비교 없이 처치 효과를 판단하기 어려운 것처럼, 학기 중과 방학 중을 비교하지 않는다면 학교의 중요성을 이해하기 어렵다.

(4)학교에는 불평등을 줄이는 요인들과 확대하는 요인들이 공존한다. 학교가 불평등을 크게 만드는 측면만 연구한다면 학교에 대한 왜곡된 그림을 그리게 된다. '학교에 불평등을 확대하는 요인이 있는가'란 질문은 중요하지만, 그 대답은 항상 '그렇다'일 수밖에 없다. 한편, 학교가 전반적으로 불평등에 어떤

학교의 재발견

영향을 미치는지에 대해서는 알 수 없게 된다. 학교에는 불평등을 감소시키는 보완적 작용도 존재하기 때문이다.

(5) '대전제'가 틀렸다고 한다면, 사회과학자들이 맥락적 관점을 바탕으로 주의 깊게 살펴봐야 할 질문들이 있다. 왜 유치원에 들어가는 시점부터 학업성취도 격차가 그리 크게 나타날까? 유치원이 시작하는 시점에서 발견된 격차는 시간이 지남에 따라 어떻게 변화할까? 그 이유는 무엇일까? 이 격차가 나라마다 다른 이유는 무엇일까? 정규 학교 교육이 시작되기 이전에 인지 능력 불평등을 야기하는 주된 사회적 요인들은 무엇일까? 어떻게 가난한 아이들이 주로 다니는 학교들이 부유한 아이들이 주로 다니는 학교들만큼 학생들에게 교육적 성장을 제공할 수 있는 것일까? 불평등을 줄이는 주된 학교 요인들은 무엇일까? 이런 질문들에 대한 답을 찾는 것은 마땅히 사회학자들의 일이지만 관련 연구는 놀라울 정도로 미미한 상황이다.

옮긴이 해제

이 책의 배경

이 책의 원전은 2020년 미국 시카고대학교 출판부에서 발간된 『How Schools Really Matter: Why Our Assumption about Schools and Inequality is Mostly Wrong』이다. 원제에 저자가 담고자 했던 의미를 추론해 보자면 많은 이들이 교육 불평등에 대해 진단하고 해법을 제시할 때 학교가 주된 문제라고 당연히 전제해 왔던 것이 실은 틀린 것일 수 있고, 그렇기에 실제로 학교는 불평등에 어떤 역할을 하는지 고민해 보겠다는 정도가 될 것 같다. 이런 생각이 들 수도 있다. '정말 학교를 불평등의 근원으로 생각하는 사람들이 있나? 이런 책을 써야 할 정도

로 그런 생각을 가진 사람들이 많나? 그게 그렇게 심각한 문제인가?'

이렇게 생각해 보면 어떨까 싶다. 대부분의 사람들은 학교를 별로 좋아하지 않는다. 미디어나 문화 콘텐츠에서 주로 그려지는 학교는 비리와 부조리가 만연하고 학생들의 사정은 뒷전이며 가난하고 공부 못하는 아이들에게 특히 혹독하다. 학교는 반교육적이고 불평등을 조장하는 공간이며, 이러한 문제는 개별 학교가 아닌 학교 전체의 구조적인 문제라고 인식되고 있다. 사회문제가 발생하면 이게 다 요즘 애들 교육이 잘못되어서 그렇다는 진단이 거의 '국룰'이다.

그러니 학교에 대한 비판은 '국민 스포츠'다. '교육=학교'이며, 존재하고 발생하는 사회문제의 원인을 '교육(=학교)' 문제로 환원시키는 시각은 일상 담론부터 언론의 논조, 심지어 많은 학술적 서적에 이르기까지 광범위하게 퍼져 있다. 재미있는 것은 한국만 그런 게 아니란 것이다. 세계가 우러러보는 교육 선진국 핀란드에서도, 왠지 모든 아이가 행복하기만 할 것 같은 그 옆동네 스웨덴과 덴마크에서도, 그리고 이 책의 저자가 중점적으로 다루는 미국에서도 마찬가지다.

동네북처럼 소환되고 콩쥐처럼 미움받는 학교를 모든 사회문제의 핵심으로 탓하는 경향이 한쪽에 있다면, 다른 한쪽에는

교육을 통해 사회문제를 해결해야 한다는 (학교)교육 개혁주의
가 있다. 지난 10년간을 돌아봐도 역량 중심 교육과정, 마이스
터고교, 혁신학교, 자유학기제, 고교학점제, 정시확대, 취학 연
령 하향, 외고·국제고·자율고 폐지, 문·이과 통합 등 학교는 내
내 성공 혹은 실패한 개혁 대상이었다. 생존수영 교육, 코딩 교
육, 금융·경제 교육, 노동·인권 교육 등 각종 '교육'을 둘러싼
논란은 학교 밖 '사회'에서 어떤 문제가 발생할 때마다 다 학교
에서 제대로 교육을 안(못) 시켜서 그런 것이므로 학교 개혁으
로 해결하면 된다는 '학교 개혁 만능주의' 사례들을 보여준다.
저자도 지적했듯, 한국에서도 진보, 보수 가릴 것 없다.

　이 책은 이런 방식의 인식과 정책적 접근이 과연 맞는 것
인지에 대한 문제 제기라고 볼 수 있다. 특히 교육·발달 지표들
에서 나타나는 사회계층 불평등 양상에 대한 진단을 학교 문제
로 환원하는 것이 적절한 진단인가, 그리고 그 문제를 해결하기
위해 학교에 사회적 자원과 관심을 모으는 것이 바람직한 해법
인가에 대해 질문을 던진다. 이 책은 보다 균형 잡힌 시각에 대
한 촉구이기도 하다. 모든 문제를, 불평등을 포함해, 학교의 문
제로 좁히는 시각에서 벗어나 교육의 문제 혹은 학교의 문제가
가진 학교 밖(즉, 사회)의 근원들로 시각을 넓히자는 의미기도 하
다. 이는 어쩌면 교육 문제가 '교육학'의 전유물이기를 거부하

는 '사회학자'의 자연스러운 시각이기도 하다. 이 책의 배경에는 이런 긴장이 숨어 있다.

이 책이 던지는 사회과학 방법론적 화두들

이 책에서 저자가 말하는 바는 다음과 같이 요약해 볼 수 있을 것 같다. 교육 불평등 발생 과정에서 학교의 역할을 제대로 평가하기 위해서는 학교들끼리가 아니라 학교가 부재할 때와 부재하지 않을 때를 비교해야 한다. 이를 위해 학교가 열리지 않는 여름방학과 열리는 학기 중 학습 발달을 비교하는 계절 비교 연구가 좋은 방법이며, 그렇게 분석해 보면 미국의 학교들은 우려와 달리 불평등을 강화하기보다는 완화하는 역할을 하고 있음을 발견하게 된다. 따라서 교육 불평등을 완화하려는 사회적인 노력을 학교 개혁에만 투입하기보다 실제로 불평등이 발생하는 학교 밖, 특히 초등학교 입학 이전의 초기 아동기 불평등 완화에 모을 필요가 있다.

　이런 내용은 저자가 이미 이 책에서 수없이 반복했으므로 여기서는 조금 다른 시각에서 이 책에서 '빛나는' 중요한 내용, 즉 사회과학 방법론 관점에서 이 책이 제기하는 중요한 화두들을 몇 가지 살펴보도록 하겠다. 우리가 이 책을 번역하기로 했던 이유기도 하다.

첫째, 저자 다우니는 사회적 현상에 대해 제대로 평가하고 판단하기 위해서는 타당한 비교를 설정하는 것이 매우 중요하다는 점을 상기시킨다. 사실 저자는 이 책의 상당 부분을 불평등 발생 과정에서 학교의 역할을 제대로 평가하려면 어떤 비교가 타당할 것인지 설명하는 데 할애하고 있다. 어떤 사회적 현상의 원인과 결과를 파악하고 이해하는 것부터 여러 개인이나 조직, 집단의 속성이나 성과를 평가하는 것까지 대부분의 과학적 질문과 과업은 '비교'의 문제로 귀결된다. 주어진 질문에 맞는 타당한 비교를 설정하는 대신 엉뚱한 비교를 통해 답을 도출한다면 그 답은 이해가 아니라 오해와 몰이해, 나아가 왜곡된 사실의 확산으로 이어질 수밖에 없다. 이른바 탈진실post-truth 시대에 대안적 진실alternative truth이 발생하고 확산되는 과정에는 이런 엉뚱한 비교도 한 자리를 잡고 있다.

비교의 중요성에 집요할 정도로 집착하는 저자 주장의 정수는 그가 학교 효과에 대한 올바른 평가를 위해 세 가지 지표들, 즉 성취도achievement, 성장률growth, 영향력impact을 구분해 제시하는 부분이다. 이 세 지표는 각각 사회과학 방법에서 이야기하는 차분difference, 이중차분difference in difference, 삼중차분triple differences 개념에 각각 상응한다. 차분은 일차원적인 차이를 보는 것으로 학교들의 단순한 성취도를 비교해 어느 학교가 더 나은지 평가하

학교의 재발견

는 것과 같다. 이중차분은 차이들의 차이들 간 비교다. 학교들의 성취도 간 차이(차이 1)가 어떻게 시간에 따라 성장(즉, 차이 2)하는지에 해당한다. 삼중차분은 차이들 간의 차이가 또 다른 차원의 차이를 만들어 내는 제3의 요소에 따라 어떻게 달라지는지 한 겹의 차원을 더해보는 것이다. 학교들 간 성취도 차이(차이 1)의 성장(차이 2)이 학기 중과 방학 간에 어떻게 다르게 나타나는지(차이 3)를 통해 평가하는 것이다. 당연히 이 세 가지 차분은 서로 다른 비교에 대한 것이다. 전제하는 질문도 다르다.

학교 성취도를 제대로 평가하려면 어떤 비교가 적절한 것일까? 이 질문에 대한 타당한 답을 찾기란 쉽지 않다. 특히 내가 알고자 하는 것이 무엇인지 명확히 이해할 필요가 있다. 그리고 어떤 비교가 그에 상응하는 적절한 비교인지 섬세하고 치열하게 고민해야 한다. 만일 좋은 학교에 자녀를 보내고자 하는 학부모의 동기가 그저 현재 공부 잘하는 학생들이 많은 학교에 자녀를 보내기만을 바라는 것이라면 단순 비교(차분)가 적절할 것이다. 하지만 자녀의 성취도를 실제로 높일 수 있는 역량의 학교에 보내기를 원한다면 그보다는 성장률(이중차분) 혹은 영향력(삼중차분) 지표가 더 적절한 비교 방식이 될 것이다. 무엇보다 이는 어떤 학교에게 당근 또는 채찍을 제공해야 할지 판단하고자 하는 교육 당국에게 중요한 문제다. 어쩌면 교육 당국이야말

로 이 책으로부터 가장 많은 것을 얻을 수 있는 잠재적 독자일
지도 모른다.

이 책이 던져주는 두 번째 사회과학 방법론적 화두는 사회
과학의 대표적인 두 가지 접근방식인 인구학적 방식과 사례 연
구 방식의 차이에 대한 것이다. 이와 관련해 저자 다우니는 야
구 비유를 통해 직관적이고 재미있는 설명을 제시하고 있다. 학
교가 만들어 내는 불평등의 전체 그림을 보려면 야구에서 공
수 이닝을 모두 종합한 결과로서의 최종 점수를 보듯 전체 인
구집단의 종합적 성과가 반영되는 접근을 취해야 한다는 것이
다. 즉, 인구학적 접근이라고 할 수 있겠다. 반면 학교가 불평등
을 만들어 내는 특정한 메커니즘을 밝히려면 실점을 많이 한 수
비 이닝, 혹은 득점에 실패한 공격 이닝에 초점을 맞춰 분석하
듯 적절한 사례를 선정해 심층적으로 분석할 필요가 있다.

이 두 접근은 서로 다른 질문에 대한 답이며 서로 보완되어
야 할 것들이지 서로 대체할 수 있는 것이 아니다. 주로 인구학
적 접근으로 연구하는 저자는 불평등이 발생하는 사례에 대한
연구들을 바탕으로 불평등의 전체 그림을 추론하려는 시도가
별다른 인식 없이 널리 이뤄지고 있다는 점에 불만이 크다. 그
렇다면 학교가 평등화를 촉진하는 사례들을 연구하면서 균형을
맞추면 되지 않을까? 그렇지 않다. 사례 연구들을 종합해 일종

의 패치워크를 만든다고 해서 전체를 대변하는 그림 혹은 지도가 만들어지는 것은 아니기 때문이다.

두 접근은 애초에 답할 수 있는 연구 질문이 다르다. 중요한 것은 두 접근의 차이를 온전히 이해하고 이 두 접근이 어떻게 사회현상을 이해하는 데 상호보완적으로 기여하는지 고민하는 것이다. 이는 사회과학 연구자만이 아니라 일상생활에서, 미디어를 통해 다양한 정보들을 접하고 사회현상을 파악하게 되는 일반인들에게도 유효한 지침이 될 수 있다. 가령 특정 기사나 담론이 제시하는 근거는 사례에 기반한 것인가 혹은 인구학적인 분석에 기반한 것인가, 그 기사나 담론은 전체 그림에 대한 것인가 혹은 구체적인 현상의 발생 과정과 맥락에 대한 것인가를 따져보는 것이다.

이 책이 보여주는 세 번째 중요한 화두는 이론적 편향에 대한 문제 제기다. 앞서 언급했듯 불평등에 대한 사례 연구들은 주로 학교가 불평등을 감소시키기보다는 학교가 불평등 발생의 원인으로 작동하는 과정 연구에 더 많이 치우쳐 있다. 이는 비단 학교에 대한 연구만이 아니라 불평등 연구의 일반적 경향이기도 하다. 이 불균형의 원인에는 여러 가지가 있겠지만 이론적 편향성이 그중 하나일 수 있다. 이론과 이론을 구성하는 개념은 우리가 사회를 관찰할 때 어떤 것을 현상이자 문제로 규정, 발견할 수 있게 해주는 인식의 창 역할을 한다. 관련한 이론과 개념이 없다면 우리는 자칫 특정한 현실을 설명과 이해의 대상으로 아예 인식하지 못할 수 있다. 그만큼 현실에 대한 분석과 이해에는 이론과 개념이 매우 중요하다.

흥미로운 것은 교육 불평등 혹은 더 넓게는 사회 계층화와 관련해 불평등이 왜, 어떻게 발생하는지에 대한 이론은 풍부하지만 불평등이 왜, 어떻게 감소하는지, 혹은 어떻게 평등이 이뤄지는지에 대한 이론과 설명은 상대적으로 적다는 것이다. 특히 학교가 불평등을 완화하는 평등 촉진자 역할을 하는지 여부가 오랜 기간 주요한 학술적 논의 주제였음에도 막상 학교가 어떻게 평등을 가져오는지에 대한 적극적 이론은 취약했던 게 사실이다. 그런 의미에서 이 책의 6장은 의미가 크다. 본격적이라고 하기는 어렵지만 저자가 나름의 학교의 평등화에 대한 이론적 설명을 제시하고 있기 때문이다. 이론을 통해 개념과 언어를 가지게 됨으로써 우리는 사회현상을 좀 더 균형 잡힌 방식으로 파악하고 이해할 수 있게 된다.

물론 기계적인 균형을 이야기하는 것은 아니다. 별문제 없이 잘 돌아가는 부분보다 문제(가령 불평등)가 발생하는 과정에 대해 더 풍부한 이론과 분석, 이해가 배분되는 것은 어떻게 보면 당연하고 바람직스럽다. 다만 그런 이론적 편향의 경향이 지나치게 심각해서 우리의 시각과 이해를 지나치게 편향되게 만들거나 획일화하는 경우, 그래서 사회문제 해결에 도움이 되기보다 오히려 그 반대가 되는 경우에 대한 경각심은 필요하다. 이 책으로부터 도출될 수 있는 또 하나의 중요한 사회과학적 교훈이다.

다우니의 주장에 대한 논쟁과 후속 연구들

이 책에서 저자가 이야기하는 것은, 본인도 책에서 여러 차례 강조했듯이 논쟁적이다. 이 책에는 저자가 주장을 먼저 밝히고 이에 대한 예상 반론들에 대해 응답하는 내용이 많이 등장한다. 예상 반론들은 저자가 수년에 걸쳐 여러 곳에서 연구를 발표하고 토론하는 과정에서 수집된 것들일 것이다.

　이와 관련해 주목할 만한 것은 2016년 미국의 가장 저명한 교육사회학 학술지인 《교육사회학Sociology of Education》(이하 SOE)에 실린 다우니의 글과 그에 대한 다른 학자들의 논평이다. 다우니는 학교 효과에 대해 연구해 온 성과들을 정리해 이 책에서도 중요하게 소개되었던 콜먼 보고서 출판 50주년 특집 논문으로 발표한다(이 논문은 이 책 내용의 핵심 기반이 된다).[1] 같은 호에는 쟁쟁한 미국의 교육 사회학자들이 비판적인 논평들과 저자의 재응답이 실렸다. 여기서는 이 토론의 내용을 먼저 간략하게 정리하

고, 이어 이 책이 출판된 이후 후속 연구들로 이어지는 쟁점을
소개하고자 한다.

먼저 다우니의 주장에 대한 2016년 SOE의 논평들을 살펴
보자. 논평에 참여한 학자들[2]은 전반적으로 다우니가 계절 비교
연구 결과, 특히 SES에 따른 인지 능력의 격차가 여름방학 때
에 비해 학기 중에는 완화된다는 점과 그 중요성에 대해 적극적
으로 동의한다. 일부 논평자는 취학 전 초기 아동기가 불평등의
주된 발생 지점이라는 점에 적극 동의한다(플로렌샤 토르췌).

한편 크게 두 가지 비판점이 여러 논평에서 공통적으로 드
러난다. 하나는 그럼에도 불구하고 학교 개혁은 여전히 필요하
고 중요한 것이 아니냐는 것이다. 미국은 불평등이 워낙 심각하
기 때문에 학교 밖 요인이 불평등의 주요 원인을 제공하는 것
이 맞더라도 학교 요인 보완을 통해 불평등을 개선하는 것 역시
필요하고(애덤 개모런), 학교 요인과 학교 밖 요인은 사실 서로 연
결되어 있기 때문에 학교 밖 요인 개선을 위해서는 학교 개혁이
마땅히 동반될 필요가 있으며(프루던스 카터), 학교 밖 교육의 핵
심을 이루는 가정 및 지역 공동체와 학교가 하나의 유기적 연계
를 이루는 것이 성공적인 교육의 핵심인데 이를 위해서는 학교
가 가장 중요한 '핫스폿'이라는 것(바버라 슈나이더)이다. 특히 제
임스 콜먼의 직계 제자 격인 바버라 슈나이더의 이야기는 마치

콜먼이 살아 있었다면 다우니에게 했을 논평이지 않았을까 생각하게 만든다.

또 다른 비판은 무엇이 적절한 학교 효과인지에 대한 것이다. 다우니가 이야기하는 '학교가 있는 경우(학기 중) vs. 없는 경우(방학 중)' 비교보다 'A학교 vs. B학교'로 비교하는 학교 간 비교가 더 타당한 비교가 아니냐는 반론이다. 학교가 보편화된 21세기 현대사회에서 학교가 존재하는지의 효과는 그 중요성이 떨어질 수밖에 없으며,* 더 중요한 학교 효과는 '다양한 배경의 학생들이 어떻게 서로 다른 학교에 배치되는가'라는 이야기다(플로렌샤 토르췌). 학교가 평균적으로 불평등을 완화하는 효과를 보인다고 해도 더 성공적인 학교와 덜한 학교, 심지어 불평등을 심화하는 학교 간 변이는 존재한다. 따라서 성공적인 학교의 특성을 구별해 내기 위한 학교 간 비교 연구가 필요하다(크리스토퍼 젠크스, 애덤 개모런).

논평들의 핵심을 요약하자면 불평등의 주된 원인이 학교 밖에 있다고 해도 우리는 여전히 학교 간 차이를 주시하고 이 차이를 줄이려고 노력할 필요가 있다는 것이다. 이에 대해 다우니는 학교 간 불평등에 대해 이야기하는 것이 잘못된 것은 아니

---

* 그런데 그런 일이 실제로 벌어졌다! 코로나19와 관련한 이야기는 뒤에서 좀 더 이야기한다.

지만 그렇게 될 경우 결국 불평등에서 상당히 제한된 부분만 볼 수밖에 없다는 점은 인정해야 하며, 본인은 학교 개혁에 반대한다기보다 교육 불평등 담론에서 학교에 대한 이야기가 과대 대표된 상황을 환기하고자 함이라고 응답한다. 이 논쟁은 교육 불평등에서 학교가 하는 역할을 이해하기 위해 연구자들이 사회과학적 근거를 바탕으로 치열하게 고민하며 논쟁하는 생생한 현장을 엿볼 수 있는 기회를 제공해 준다. 한편 논평들의 여러 내용은 이 책에 다양한 방식으로 녹아 있기도 하다.

다우니의 학교 효과 연구는 활발한 후속 연구들로 이어지고 있다. 이 책이 출간된 이후에도 다우니의 연구팀은 계절 비교 연구 디자인을 이용해 흥미로운 연구들을 발표하고 있다. 먼저 남학생과 여학생 간 학업성취도 차이가 학기 중과 방학 동안 어떻게 다르게 달라지는지를 본 연구가 있다.[3] 이 연구에 따르면 학교가 열린 동안에는 남학생과 여학생 간 인지 능력 발달 속도에 차이가 없지만 여름방학 동안에는 여학생들의 발달 속도가 앞선다. 이런 경향은 빈곤층 학생들 비율이 높은 학교에서 더 두드러진다. 즉, 학교가 특히 열악한 학교 밖 환경의 남학생들이 겪는 불리함을 더 많이 보완해 주는 역할을 한다는 발견이다. 다우니 연구팀은 SES 격차가 아니라 학업성취도 분산 ^{variance}으로 측정할 수 있는 전반적인 학업성취도 불평등 정도가 학기 중과 방학 중에 어떻게 변하는지 ECLS-K 자료가 아닌 보다 높은 학년까지 범위가 확장되는 다른 대규모 자료로 교차 검증한 연구도 발표했다.[4] 전반적인 결과는 이 책 본문에서 소개했던 ECLS-K 자료 분석 결과, 즉 학교의 보완적 역할을 보여주는 결과와 일맥상통한다. 학업성취도의 분산은 학년이 높아질수록 증가하는데 방학 중보다는 학기 중에 그 증가세가 덜 하다. 수학 성취도는 이런 경향을 보이지 않았다는 점이 흥미롭다.

다우니 문제의식의 영향 속에서, 최근 다른 나라(특히, 독일 등 유럽 국가)에서도 학교의 역할에 대한 좋은 연구들이 생산되고 있다. 이탈리아 출신 젊은 사회학자인 쟘피에로 파사레타Giampiero Passaretta가 특히 활발하다. 데이터 조건이 까다로운 계절 비교 방식 대신 파사레타와 동료들은 독일의 아동 데이터를 바탕으로 생일과 성취도 시험 날짜의 무작위성을 이용해 초등학교 입학 후 시험을 치를 때까지 초등학교 교육 노출 기간에 따른 학업성취도 발달이 부모·가족 배경에 따라 어떻게 다르게 나타나는지 분석했다. 결과에 따르면 시험을 볼 때까지 학교에 더 오래 다닌 아이들의 점수는 더 높았지만, 학업성취도 향상 효과가 열악한 가족 배경 학생들에게서 특별히 더 크게 나타나지는 않았다. 즉, 학교가 불평등을 강화한 것은 아니지만 그렇다고 완화하고 있는 것도 아니란 것이다. 저자들은 아마 독일 사회가 전반적으로 미국에 비해 덜 불평등하기 때문에 학교의 보완적 효과가 나타날 여지도 작은 것일지도 모른다는 의견을 내놓으면서 학교가 무조건 평등을 촉진한다고 주장하기보다는 사회적 맥락에 따라 달라질 가능성을 고려해야 함을 주장한다.[5] 파사레타는 영국, 독일, 네덜란드 초등학생들 간 부모 학력에 따른 성취도 격차를 분석한 또 다른 연구에서 가족 배경에 따른 성취도 차이의 대부분(최대 80%까지)이 초등학교 취학 이전에 생긴 격차로 설명되며 초등학교 이후에 추가되는 격차는 작은 편이라는 점을 보여준다. 학교가 적극적인 평등 촉진자는 아닐지 몰라도 불평등의 주범은 아니라는 점에서 미국 기반의 다우니 주장이 유럽 국가들 사이에서도 상당한 타당성을 갖추고 있음을 보여주는 셈이다.[6]

한국에서는?

그렇다면 이 책에서 제기하는 문제 및 주장은 한국의 교육에는 어떻게 적용될 수 있을까? 우리는 한국의 학교들의 역할에 대해 어떤 함의를 이끌어 낼 수 있을까?

저자 다우니는 이 책의 1장에서 아이들이 고등학교 졸업까지 기간 동안 깨어 있는 시간 중에 학교에서 보내는 시간이 13%(허버트 월버그의 계산)에서 15.9%(자기 아들 니컬러스)에 불과하다는 계산 결과로 시작한다. 우리가 생각하는 것보다 학교 밖의 영향에 아이들이 더 많이 노출되어 있다는 점을 강조하기 위함이었던 것 같다. 한국의 학생들은 어떨까? 2019년 통계청이 발표한 생활시간조사 데이터를 바탕으로 아이들의 수면시간과 학교에서 보내는 시간을 추정하고, 초·중등교육법 시행령의 수업일 수를 적용해 역자들이 직접 계산해 보니 고등학교 졸업 때까지 한국 학생들이 깨어 있는 시간 중 학교에 있는 시간은 16%였다. 저자의 아들 니컬러스의 경우와 놀라울 정도로 비슷한 숫자다. 한국이나 미국이나 아이들이 학교에서 보내는 시간의 비중은 비슷하게 작은 셈이다.

그렇다고 한국과 미국 간에 아무런 차이가 없는 것은 아니다. 사실 중요한 차이들이 존재한다. 먼저 한국의 학교들은 미국의 학교들에 비해 훨씬 표준화되어 있다. 표준화란 시설, 재정 등 학교의 여건을 비롯해 교사의 채용·승진, 자격·훈련, 교육 커리큘럼과 교육 내용, 그리고 평가·시험 등이 전국적 차원에서 국가 기관에 의해 조율 및 관리되는 정도를 의미한다. 저자도 언급하고 있듯이 지역별로 상이한 학군 시스템과 학교 재원 및 학교 간 재원 분배방식, 자유로운 교사의 채용과 해고, 연방 수준의 교육 커리큘럼 및 표준화된 평가 시스템의 부재 등은 미국 교육의 낮은 표준화 수준을 보여준다. 물론 이런 낮은 표준화는 학교를 공동체가 함께 만들어 가는 동시에 공동체의 핵심적 거점으로 여기는 미국 특유의 시민사회 역사의 유산으로 볼 수 있다. 반면 한국의 학교 교육은 국가에 의해 강력하게 관리, 운영되면서 발전해 왔다. OECD 국가들과 비교 분석을 해보더라도 한국은 표준화 수준이 높은 국가 중 하나인 반면, 미국은 낮은 국가에 속한다.

또 다른 차이는 한국의 청소년들은 미국의 청소년들에 비해 고등학교까지 졸업하는 비율이 높다는 것이다. 2020년 기준 한국은 고등학교 졸업률이 96.5%인 반면 미국은 86.8%다(OECD 통계). 불과 10년 전인 2011년에는 이 숫자가 한국 95.2%, 미국 78.5%였으니 미국 교육에서 최근 비약적인 개선이 있었다고 할 수 있겠지만 한국과 비교할 때 여전히 많은 수의 미국 청소년들이 학교 교육에서 조기 이탈하고 있는 것은 사실이다. 대학교수의 아들인 니컬러스는 대체로 한국의 평균 학생들만큼의 시간을 학교에서 보냈겠지만, 미국에는 그렇지 않은 청소년들도 많다는 것이다.

끝으로 한국에는 공식 통계에 잡히지 않는 학교 교육이 있다. 일례로 현재는 많이 감소했지만 한때 광범위하게 존재했었던 0교시 자율학습, 방과 후 보충수업, 야간 자율학습의 관행이 있다. 방학 동안에도 한국에서는 보충수업이란 이름으로 학교

수업이 의무적으로 진행되곤 했다. '자율'과 '보충' 교육은 공식 통계에는 온전히 반영되지 않기 때문에 아마도 한국 학생들이 학교에서 보낸 16%는 실제 학교에서 보낸 시간 비율의 하한 추정치라고 보는 것이 합리적이다.

이 차이들은 한국의 경우 미국에 비해 학교가 불평등을 완화하는 평준화 혹은 평등화하는 기능이 더 강할 가능성을 시사한다. 상대적으로 학교 간 차이가 크고(낮은 표준화), 학교 교육이 미치는 범위도 더 한정적인(낮은 졸업률과 추가적인 학교 수업의 부재) 미국에서도 학교가 불평등을 완화하고 있다는 결과를 찾을 수 있다면 한국에서도 마찬가지의, 혹은 더 큰 평등 촉진자로서의 학교 효과를 기대할 수 있다는 것이다.

우리도 다우니처럼 계절 비교 연구를 통해 더 정교하게 학교의 효과를 직접 추정할 수 있다면 좋겠지만 한국의 경우 두 가지 한계 및 특수성 때문에 쉽지 않다. 일단 한국에는 계절 비교 연구가 가능한 데이터가 없다. 책에서 잘 설명되어 있듯이 계절 비교 연구의 핵심은 같은 학년 내에 학기 초와 학기 말에 시험 점수를 비교하는 것이다. 아쉽게도 한국에는 전국적 차원에서나 지역 차원에서나 그런 분석을 할 수 있는 데이터가 존재하지 않는다.

다른 한계는 한국 교육이 가진 특수성에 기인한다. 미국을 포함한 대다수 서구 국가들이 가진, 거의 없다시피 한 겨울방학과 긴 여름방학의 구조와 달리 한국은 비슷하게 어중간한 여름방학과 겨울방학이 존재하는 것이 하나의 한계다. 또 다른 한계는 바로 광범위하게 이뤄지는 '과도한' 사교육이다. 일반적으로 사교육은 불평등을 유발하는 주범이라고 인식되고 있지만, 사실 한국의 '과도한' 사교육이란 어떤 면에서 한국의 아동·청소년들이 학교 밖 시간을 보내는 방식을 평준화하는 결과를 가져왔을 가능성이 크다. 물론 학교 교육에 비해 사교육이 훨씬 더 다변화되어 있기는 하다. 사교육 참여에는 분명 계층 간 격차가 존재한다. 그러나 상당한 수준으로 산업화, 보편화, 제도화된 사교육 속에서 아이들은 학교 밖 생활을 비슷한 학습 활동으로 채우게 된다. 초등학생의 90%, 중학생의 80%, 고등학생의 60~70%가 참여하는 사교육 현실을 생각하면 한국의 학생들이 미국 혹은 다른 일반적인 나라들의 학생들에 비해 학교가 열리지 않을 때 학교와 비슷한 학습 환경에 더 노출되어 있다고 볼 수 있다. 따라서 이 이야기는 방학 때와 학기 중 학습 환경의 차이가 전반적으로 크지 않을 가능성이 크다는 것을 의미한다. 계절 비교 연구가 이 둘의 상대적 차이를 이용해 학교 효과를 추정한다는 점을 생각하면 한국에서는 어쩌면 계절 비교가 추정하고자 하는 학교 효과를 제대로 잡아내지 못할, 즉 과소 추정할 가능성이 있다.

그럼 우리는 한국의 학교 효과에 대해 오로지 미국과 비교해 간접적으로만 예상하는 데에서 만족해야 할까? 그보다는 아마 한 걸음 더 나가볼 수 있을 것 같다. 우리는 최근 한국에서 불평등이 발생하는 데 학교가 어떤 역할을 하는지 데이터를 이용해 직접 연구한 바가 있는데 그 내용을 간단히 소개해 보겠다.[7] 우리는 2008년 4~7월 사이에 전국 산부인과에서 출생한 아기들을 대표성 있게 표집, 12세(초등학교 6학년)가 된 2023년 현재까지 추적하고 있는 아동패널 데이터를 이용해 0~2세, 3~7세, 그리고 초등학교 입학 후인 7~10세 기간에 가족 배경(부모 학력, 소득, 직업 정보를 이용해 구성한 통합 점수)에 따른 인지적 능력 지표의 차이가 어떻게 변화하는지 살펴봤다.

분석 결과에 따르면 3세 이전에 이미 가족 배경에 따른 격차가 발생하기 시작했으며 초등학교 입학 전인 3~7세 기간 동안 격차는 통계적으로 유의미하게 증가했다. 흥미로운 것은 초등학교 입학 시 이미 유의미하게 존재했던 가족 배경 격차가 이후 1~4학년 동안에는 더 이상 증가하지는 않았다는 점이다.

이 연구 결과는 다우니가 계절 비교를 통해 발견한 미국의 결과가 한국에서도 많은 부분 비슷하게 나타난다는 점을 보여준다. 불평등의 상당 부분은 이미 초등학교 취학 이전에 형성된다는 점, 초등학교는 적어도 불평등 증가를 억제하는 역할을 한다는 점에서 일종의 소극적 평등 촉진 역할을 한다는 점에서 그렇다. 다만 우리 연구는 학교 안 시간과 학교 밖 시간을 상세하게 구분하지 못하고 취학 전과 취학 후의 불평등 변화만 비교했다는 점에서 다우니가 발견한 학교의 불평등 완화 역할에 비견되는 주장을 하기는 어렵다. 연구 설계 자체의 차이가 가능한 추론과 결과의 차이를 가져오기 때문이다. 그럼에도 중요한 것은 다우니 및 앞서 살폈던 최근 여러 나라들에서 공통적으로 발견된 패턴 즉, 취학 전 초기 아동기가 교육 불평등이 발생하는 주된 시기이고 학교는 그 불평등의 확대를 저지하는 역할을 한다는 점만큼은 한국에서도 확인할 수 있었다는 점이다.

코로나19와 학교의 재발견

학교의 역할을 생각할 때 코로나19에 대해 말하지 않을 수 없다. 앞서 다우니의 주장에 대해 토르췌라는 학자로부터 학교가 없는 상황은 사실상 현실적이지 않으므로 학교가 없는 상황과의 비교보다는 학교들 간 비교가 더 유용하다는 비판이 있었다는 이야기를 소개했다. 그런데 어이없게도 불과 몇 년 후에 전 글로벌 팬데믹 속에서 학교가 없어지는 상황이 정말로 벌어졌다. 이 책의 원서가 발간된 것이 2020년이니 어쩌면 학교의 부재 상황을 염두에 둔 주장을 펼쳤던 다우니조차 깜짝 놀랐을 것 같다.

흥미로운 것은 다우니가 이 책에서 그토록 허물고자 했던 그 대전제, 사람들이 깊은 숙고 없이 당연시했던 학교가 불평등의 원인이라고 여기던 그 생각이 코로나19 상황이 벌어지자 학교가 열리지 않아 학생들의 온전한 인지적·사회적 발달이 저해되고 특히 하위계층, 빈곤층 아이들의 피해가 커졌다는 생각으로 순식간에 전환되었다는 것이다. 가히 '학교의 재발견'이라고 해도 과언이 아니다. 이제 끝으로 코로나19로 인해 학교가 폐쇄되면서 학업성취도 불평등에 어떤 변화가 발생했는지에 대한 몇몇 주요 연구들을 소개하면서 이 해제를 마무리하고자 한다.

코로나19와 교육 불평등과 관련한 지난 2년간의 연구들이 던진 질문은 크게 두 가지로 정리할 수 있다. 첫 번째는 기본적인 질문으로, 코로나19로 인한 학교 폐쇄가 정말로 교육 불평등을 심화시켰는가, 또 그렇다면 얼마나 심화시켰는가 하는 것이다. 이 책의 논리대로라면 코로나19 때문에 학교가 없어진, 과거에는 반사실적으로만 상상할 수 있었던 상황이 현실화된, 상황에서 불평등은 더 심해지게 된다. 그리고 이것이 우리가 개인적 경험과 미디어를 통해 인식한 현실이기도 했다. 실제로 코로나19 이후 교육 불평등 변화 양상을 분석한 연구들은 다우니의 계절 비교 연구들을 주요한 이론적 자원으로 삼고 있다.

2020년 3월 코로나19가 글로벌 팬데믹으로 급격히 확산된 후 2020년에 걸쳐 학교는 모든 나라에서 예외 없이 상당 기간 폐쇄되었다(시점 및 기간의 편차는 있었다). 이런 상황이 도래하자마자 학교 부재로 인한 아이들의 전반적인 학습 손실learning loss과 불평등 증가에 대한 우려를 담은 연구 및 기사들이 줄을 이어 나오기 시작했다. 그러나 당시 근거들은 대체로 단편적이거나, 표본 구성, 성취도 측정 방식 등이 코로나19 이후 어떤 변화가 실제로 일어났는지 엄밀한 비교를 하기에 충분하지 않았다. 예기치 않은 재난에 데이터 인프라가 즉각적으로 준비되기가 쉽지 않기에 어찌 보면 당연한 일이다. 그러나 시간이 조금 지나면서 공공 행정 빅데이터 시스템 인프라가 잘 갖춰져 있는 국가들을 중심으로 더욱 신뢰할 만한 연구들이 검토, 출간되기 시작했는데, 그중 가장 대표적인 것은 유럽의 신진 사회학자 패르 엥젤Per Engzell이 주도해 약 35만 명의 네덜란드 학생들의 학업성취도를 4학년(2017년)부터 7학년(2020년)까지 추적 분석한 연구다.[8]

이 연구는 네덜란드가 전국 수준의 표준화된 학업성취 체크가 꾸준히 이뤄지며 이것을 학생 및 가족들의 행정 정보와 연계해 통계적으로 분석할 수 있도록 구축, 제공하는, 고도의 데이터 인프라가 예외적으로 잘 갖춰진 국가이기에 가능했다. 분석 결과에 따르면 코로나19로 인해 평균적으로 연간 학습량 약 20% 정도의 학습 손실이 있었고, 이 손실은 저학력 부모의 자녀들 사이에서 더 두드러졌다는 것이었다. 네덜란드는 비교적 짧은 8주 정도만 학교가 폐쇄되었을 뿐이고 온라인 수업 인프라도 잘 갖춰진 편이었다. 따라서 네덜란드보다 상황이 열악한 대부분의 나라에서는 학교 부재의 피해가 이보다 더 컸을 개연성이 있다.

이 연구 이후로, 보다 체계적이고 엄밀한 연구들이 다양한 국가 사례들 대상으로 점차 많이 발표되기 시작했다. 이렇게 축적된 코로나19 학습 손실 관련 연구들에 대한 종합적인 평가는 사회학자 바스티안 베토이저Bastian Betthäuser 등이 최근에 발표한 연구에서 살펴볼 수 있다.[9] 베토이저 팀은 2020~21년 기간 동안 수행된 신뢰할 만한 코로나19 효과 연구 42편의 결과를 종합한 메타 연구를 수행했다.* 여러 흥미로운 결과가 있지만 핵심적인 결과는 두 가지로 요약된다. 하나는 코로나19 학교 폐쇄로 인해 상당한 학습 손실이 있었고 이는 특히 사회경제적으로 열악한 여건의 아이들에게 더 크게 나타났다는 것이다. 즉, 학교 부재로 인한 교육 불평등 확대가 네덜란드만이 아니라 적절

---

* 1차 데이터를 직접 활용해 분석하는 것이 아니라 그렇게 분석된 연구 결과들 자체를 데이터로 삼아 분석한 연구를 메타연구라고 한다. 즉, 연구들에 대한 연구다.

한 데이터가 존재하는 나라들에 전반적으로 적용될 수 있는 경향이었다는 것이다.

다른 중요한 결과는 이런 학교 폐쇄의 부정적 효과의 크기가 코로나19 직후를 다룬 연구와 1년 이상의 시간이 지난 이후를 다룬 연구 사이에 매우 일정하게 나타난다는 것이다. 즉, 코로나19가 장기적으로 어떤 결과를 가져올지에 대해 간접적으로 추론해 볼 수 있는 결과인데, 이는 곧 코로나19와 교육 불평등에 대해 제기되는 두 번째 질문과 직결된다.

두 번째 질문은 더 장기적인 전망에 대한 것이다. 코로나19로 인한 학습 손실, 특히 취약계층에 집중된 손실이 깊은 상처로 남아 회복되지 않고 코로나19 세대의 반영구적인 장해로 남게 될까, 아니면 집합적 수준에서나 아동, 청소년 개인적 수준에서 회복 탄력성이 작동해 회복될 수 있는 어떤 것일까? 방금 소개한 베토이저 팀 연구 결과는 이에 대해 예단하는 것은 아직 섣부르다는 점을 시사한다. 다만 베토이저 팀 연구 이후 발표된 연구들은 어쩌면(다행히도) 학교를 중심으로 한 집합적 노력이 단기적인 학습 손실과 불평등 확대를 제어하고 회복하고 있을지 모른다는 결과를 보여준다.

먼저 덴마크에서 학생들이 2년마다 전국적인 학업성취도 평가를 한다는 점(2, 4, 6, 8학년)을 이용해 20만 명 이상의 학생들을 분석한 연구를 살펴보자.[10] 이 연구에 따르면 덴마크에서는 코로나19 학교 폐쇄 후 1년 반가량이 지난 시점의 학습 손실은 미미했고 부모의 학력, 소득 등 SES에 따른 불평등도 유의미하게 증가하지 않았다. 저자들은 덴마크의 전반적으로 평등하고 잘 갖춰진 복지 및 교육 여건, 학교·교사·학생들의 유연한 적응(회복 탄력성이라고 할 수 있겠다)을 가능한 설명으로 제시하고 있다. 또 다른 연구는 덴마크와는 사뭇 다른 여건의 국가인 이탈리아 학생들에 대한 것이다.[11] 약 150만 명의 이탈리아 초등학생 및 중학생을 대상으로 한 분석한 연구 결과에 따르면, 학습 손실 여부나 규모는 학년이나 과목에 따라 일관적이지 않고 SES에 따른 격차는 코로나19 이전과 비슷한 수준으로 나타났다. 한편 교육학자 숀 리어든Sean Reardon과 경제학자 토머스 케인Thomas Kane이 팬데믹 이후 미국 전역의 성취도를 추적하는 교육회복점수표Education Recovery Scorecard 프로젝트는 최근 코로나19로 인한 학습 손실이 빈곤한 지역 학생들과 흑인과 히스패닉 학생들에게서 두드러졌으며 학교가 정상화된 이후에도 복구되지 않고 있다고 보고했다.[12] 덴마크와 이탈리아, 미국의 이런 차이는 코로나19로 인한 단기적·장기적 상처가 각 국가의 제도적·사회적 역량에 따라 상이하게 아물고 있음을 의미한다.

그렇다면 한국의 경우는 어떨까? 한국에서도 코로나19 이후 학습 손실 및 교육 불평등에 대한 다양한 분석 결과와 진단이 회자되긴 했지만, 앞서 소개한 유럽 국가들 대상 연구에 비견할 수준의 신뢰성 있는 근거는 찾기 어려웠다. 가장 큰 이유는 전국적 차원에서 학생들의 인지적 발달 수준을 측정하고 가정환경 정보와 연계해 교육 불평등 양상을 분석하는 시스템이 갖춰져 있지 않기 때문이다. 그래도 2020년 11월에 실시된 국가수준 학업성취도 평가 데이터가 연구자들의 요구로 인해 연구용으로 제공되면서 한국에서도 코로나19 효과를 실증적으로 평가해 볼 수 있는 최소한의 자료는 마련되었다. 여기서는 우리가 이 자료를 분석한 결과를 간략히 소개한다.[13]

　이 연구는 2012년부터 중학교 3학년 학생들을 대상으로 매년 측정된 학업성취도 평가(국어, 영어, 수학)에서 가족 배경(부모 학력, 부모와의 상호작용 정도, 독서 자본)에 따른 격차가 어떤 추세를 보였는지, 특히 코로나19 이후인 2020년 평가에서 격차가 두드러지게 커졌는지를 분석했다. 결과는 흥미롭게도 아주 일관적이고 뚜렷한 불평등 증가는 나타나지 않았다는 것이다. 다만 부모 학력에 따른 격차가 영어에서(만) 증가했고, 부모와의 상호작용 정도에 따른 격차가 국어와 영어에서 증가했다. 부모 학력보다는 부모와의 상호작용이 중요한 역할을 했다는 점은 특히 학교가 부재해지자 부모의 인적 자본(부모 학력) 자체보다는 그것이 활성화되도록 하는 가족 내 사회자본(부모와의 상호작용)이 더 중요해졌다는 점을 시사한다. 흥미롭게도 수학에서는 격차가 커지지 않았는데, 학교가 부재한 상황에서 오히려 중학생들이 광범위하게 이용하는 수학 사교육이 보완적 역할을 했을 가능성이 있다(아직 가설일 뿐이다).

그렇다면 이후(2021~2022년)에는 어떻게 되었을까? 안타깝게도 국가수준 학업성취도 평가 자료는 이후에도 수집은 되었지만 연구용으로 제공되지 않아 지금 당장에는 알 수 없다. 다만 단기적으로 명확하게 드러나지 않은 불평등 확대가 2~3년 후에 잠복했다가 나타날 가능성은 작지 않을까 조심스레 예상해 볼 수는 있다. 한국의 학교 시스템이 완벽하지는 않았지만 짧은 기간 동안 상당히 효율적으로 온라인 학습 시스템을 성공적으로 도입, 병행해 냈던 것은 사실이고, 이것이 토대가 되어 중장기적으로 사회적 회복탄력성 역량이 발휘되었을 가능성도 있다. 물론 실제 데이터 분석 없이 예단할 수는 없다.

지금까지 살펴본 해외와 한국의 코로나19 연구는 이 책에서 이야기하는 학교의 불평등 완화 역할에 대해 어떤 함의를 줄까? 일단 학교 부재가 전반적으로 불평등을 악화시킨 결과로 이어진 것은 다우니의 주장의 상당한 경험적 타당성을 입증했다고 볼 수 있다. 한편 몇몇 국가들에서 발견되는 성공적인 대응 결과(예를 들어 덴마크)는 단순히 학교 부재를 바탕으로 학교의 보완적 역할을 식별하고 추정하는 다우니의 전략이 보편적으로 모든 국가에 적용되기 어려울 가능성을 보여준다. 앞서 소개했던 SOE 논평자들 및 후속 연구가 다우니의 주장에 대해 공통적으로 비판한 지점이기도 하고 우리가 앞서 한국에의 적용을 논하며 이야기했던 것과 닿아 있는 지점이기도 하다.

한편, 학교 부재로 인한 단기적인 학습 손실과 불평등이 평생 회복될 수 없는 반영구적인 상처로 남기보다 회복될 수 있다는 가능성은 평등 촉진자로서의 학교라는 다우니의 주장에 오히려 힘을 실어준다. 방학 동안 벌어진 학업성취도 격차가 학기 중에 다소 완화된다는 것은 코로나19 기간 학교 부재로 인해 발생했던 학습 손실과 불평등 역시 학교가 재개된 후에는 회복될 수도 있음을 시사한다. 학교 그리고 학교를 포함한 사회가 어떻게 집합적인 노력을 효과적으로 경주하는가에 따라 코로나19 이후 교육 불평등의 장기적인 결과가 충분히 바뀔 수 있다는 것이다.

주

들어가며

1) Entwisle and Alexander, 1992.

2) Kozol, 1991.

3) 이 영화가 만들어진 것이 1995년이니 지금은 더 많은 학교에서 컴퓨터를 사용하고 있을 것이다.

4) Downey, von Hippel, and Broh, 2004.

5) Downey, von Hippel, and Hughes, 2008.

6) Schneider, 2018: xvii.

7) Ballantine, Spade, and Stuber, 2017.

8) Coleman et al., 1966; Jencks et al., 1972. 학교 개혁이 절실한 상황이라는 주장에 대한 반박을 더 보고 싶다면 다음 두 논문도 참고하기 바란다. Tyack and Cuban, 1995; Berliner and Biddle, 1996.

9) Fischer et al., 1996.

10) 사회적 여건을 부모의 사회경제적 지위, 소득, 학력 수준 중 어떤 지표를 기준으로 비교할 것인가에 따라 수학 점수의 격차가 시간이 갈수록 줄어들기도 한다.

11) Alexander, 1997: 16.

12) Cornman et al., 2017.

13) Fischer et al., 1996.

14) Condron, 2011.

1장

1) Walberg, 1984:397

2) 니컬러스는 반일제 유치원을 다녔기 때문에 매년 180일씩 12.5년간 학교에

다닌 셈이고 총 2,250일이 된다. 학교에서 보낸 시간을 하루 6.5시간으로 잡으면 18세까지 1만 4,625시간을 학교에서 보냈다고 할 수 있다. 니컬러스가 하루 10시간 정도 잤다고 잡으면, 18세까지 깨어 있는 시간은 총 9만 1,980시간(=하루에 14시간씩 x 18년 x 365일)이다. 그렇다면 니컬러스는 자기 인생의 15.9(=14,625/91,980)%를 학교에서 보냈다고 할 수 있다. 눈이 많이 와서 휴교하거나 아파서 학교에 가지 못한 날은 계산에 포함하지 않았으니 이 추정치는 실제보다 더 높게 계산된 것이다. 물론 더 일찍부터 유아교육 기관을 다닌 아이들의 경우 이 비율이 좀 더 높아질 것이다.

2장

1) ECLS-K에서 사용한 읽기 성취도 척도는 현대적인 심리측정 방식을 적용한 것으로 시간의 흐름에 따라 SES에 따른 격차가 어떻게 변화하는지 잘 보여준다. 〈그림 2.1〉에 표기된 세타theta 점수는 학생들 능력에 대한 추정값으로 문항들에 대한 학생들의 응답에 기반해 추정한다. 문항들은 각각의 난이도를 가지고 있으며, 문항 반응 함수를 통해 학생이 정확하게 응답할 확률에 대한 모형이 추정된다. 이 문항 반응 함수는 학생의 능력, 문항의 난이도, 그 외 다른 여러 모수들로 구성된다.

2) Reardon, 2011: 그림 5.5

3) 다시 말하지만, 이런 패턴이 북서평가학회Northwest Evaluation Association의 MAP 척도로 볼 때는 그만큼 강하게 나타나지 않는다. 이 척도에 따르면 전반적인 분산이 유치원에서 8학년에 이르는 동안 다소 증가하는 경향이 나타난다. 물론 학교 요인과 학교 밖 요인 모두 영향을 미칠 수 있으므로 분산의 증가를 학교 효과 때문이라고 말할 수는 없다.

4) 서스턴 척도의 한계와 그 한계로 인해 학업성취도 격차에서 나타나는 학교의 영향력이 어떻게 왜곡될 수 있는지에 대한 보다 자세한 논의는 본 히펠von Hippel과 햄락Hamrock의 연구를 참고하기 바란다. 서스턴 척도는 계속해서 시험의 형식을 바꿔왔는데 학자들은 측정 오차를 교정하지도 않은 채 비표준화 점수로 분석해 왔다(von Hippel and Hamrock, 2019).

5) 가법결합측정additive conjoint measurement 모델링을 바탕으로 북서평가학회의 학

습발달 척도(ECLS-K에서 사용한 척도와 유사한 일종의 문항반응이론 척도)의 등
간 속성을 검정한 최근 연구 결과는 수직 척도의 적합성에 대한 강력한 근
거를 제공해 준다(Thum, 2018).

6) Reardon, 2011.

7) Merry, 2013.

8) Sopolsky, 2017.

9) Hair et al., 2015.

10) 숀코프[Shonkoff]와 가너[Garner](2012: 236)는 유독성 스트레스를 만성적으로 경
험하면 편도체와 안와전두 피질이 비대해지고 과잉 활동하게 되는 한편,
그런 수준의 어려움을 경험할수록 해마와 내측 전두엽 피질 뉴런 및 신경
연결망 손실로 이어질 수 있음을 밝히고 있다.

11) Institute of Medicine and National Research Council, 2000.

12) Sampson, Sharkey, and Raudenbush, 2008.

13) Sopolsky, 2017.

14) 그리고 불평등은 일반적으로 사람들이 보이는 부정적인 행동과 관련이
있다는 것이 밝혀졌다. 예를 들어, 국가의 소득 불평등과 따돌림 수준 간 상
관관계는 0.62만큼이나 된다. 불평등이 심한 미국에서는 어린이의 9%가
지난 몇 개월간 누군가를 두 번 이상 괴롭힌 경험이 있음을 인정하고 있다.
대조적으로 불평등이 낮은 덴마크에서는 누군가를 괴롭힌 적이 있다고 보
고한 어린이 비율이 미국의 절반에 못 미치는 4%에 불과했다(Due et al.,
2009).

15) Corak, 2013.

3장

1) Burkam et al., 2004.

2) Downey, Quinn, and Alcaraz, 2019.

3) Firebaugh, 2008; Gangl, 2010.

4) 헤인즈의 1978년 논문 표 3.1과 3.2를 보면, 7학년을 대상으로 조사한 연구
에서 백인 아이들과 흑인 아이들 사이의 격차가 학기 중보다 여름방학 때

더 벌어지는 것을 확인할 수 있다.

5) 이와 관련해서는 다음을 참고하라. von Hippel, Workman, and Downey, 2018; Quinn et al., 2016.

6) 학교가 흑백 간 격차를 확대한다는 결과에는 몇 가지 측면에서 복잡한 사정이 내포되어 있다. 첫째, 이러한 결과는 주로 동일한 사회경제적 지위를 가진 흑인과 백인 학생들을 비교할 때 분명히 나타난다. 사회경제적 지위가 낮은 학생들은 사회경제적 지위가 높은 학생들에 비해 일반적으로 긍정적인 학교 효과의 혜택을 더 많이 누린다. 가난한 학생들 사이에서 흑인 학생들의 경우(가난한 백인 학생들에 비해_옮긴이 주) 그 긍정적인 학교 효과의 혜택이 상쇄된다. 둘째, 개인 수준에서 분석할 때 이러한 결과가 나타나지만, 학교에서 이루어지는 학습 발달의 경우 백인들이 주로 다니는 학교나 흑인들이 주로 다니는 학교나 별 차이가 없다(4장을 참고할 것).

7) von Hippel, Workman, and Downey, 2018.

8) Downey, von Hippel, and Broh, 2004.

9) von Hippel, Workman, and Downey, 2018.

10) 본 히펠과 햄락 2019년 논문의 표 3에 있는 ECLS-K 인지 능력 및 비표준화 계수를 참고할 것. 표준화 계수는 시간의 흐름에 따른 분산의 변화를 반영하지 못하기 때문에 현실을 제대로 포착한다고 보기 어렵다. 따라서 이런 분석에 적절하지 않을 수 있다. 본 히펠과 햄락은 또한 북서평가학회 성장 연구 자료에 따르면 인종 간 성취도 격차가 수학에서는 거의 절반, 국어에서는 4분의 3 수준까지 더 커지는 것으로 추정된다는 점을 지적한다. 두 자료가 왜 다른 결과를 산출하는지는 불분명하다.

4장

1) Downey, von Hippel, and Hughes, 2008.

2) 보통의 미국인은 18세까지 자지 않는 시간의 87%를 학교 밖에서 보낸다는 점을 상기할 것. 그러나 취학 이후 학기 중에는 이 수치가 약 75%로 낮아진다. 이에 비해 전반적인 추정치(87%)가 높은 이유는 대다수 아이들이 취학 전 학교에서 거의 시간을 보내지 않는 기간이 반영되기 때문이다.

3) 그렇다면 계절 비교 연구자들이 사용하는 국어와 수학 점수 척도도 이러한 방식으로 구성되어 있고, 따라서 저성취 아이들의 점수 상승과 고성취 아이들의 점수 상승을 동일하게 취급하여 비교하고 있는 것일까? 처음에는 그렇지 않았다. 앞서 언급한 바와 같이, 볼티모어 연구는 서스톤 척도를 사용했기 때문에 몇 가지 문제를 내포하고 있었다. 예를 들어, 볼티모어 연구는 동일한 아이들을 수년간 추적 조사하는 동안 시험의 형태가 바뀌었다. 3학년 말에 본 시험과 4학년 시작할 때 본 시험 유형이 달랐다. 이 경우 여름방학 동안의 학습 결손은 과대 추정될 수 있는데, 아이들이 새로운 형태의 시험을 낯설어할 수 있기 때문이다.

계절 비교 연구를 시도한 우리 첫 번째 논문에서 우리가 사용한 척도도 최적의 것은 아니었다. 출판하고 몇 년이 지났을 때 우리는 우리가 사용한 척도들이 등간격이 아닐 수 있다는 점을 알게 되었다. 여러 이유가 있지만 일단 문항 난이도에 따른 문항 수들이 달랐다. 국립 교육통계센터National Center for Education Statistics는 아이들의 능력(세타)을 등간 방식으로 측정하기 위해 세심하게 설계한 새로운 척도를 개발했다. 세타 척도가 제공되자마자 우리는 척도 문제로 인해 우리 계절 비교 연구 결과가 달라질까 노심초사하면서 이미 출판한 논문에 적용해 다시 분석해 보았다. 개선된 척도인 세타 척도로 분석한 결과도 우리가 애초에 사용했던 척도를 기반으로 한 기존 결과와 별반 다르지 않게 나타났다.

4) 나는 장기적으로 학교의 성과를 영향력 지표를 이용해 평가하게 되기를 원하지 않는다. 학교가 아이들로 하여금 방학 동안에 아무것도 배우지 않게 장려하는 유인을 줄 가능성이 있기 때문이다.

5) Jencks and Phillips, 1998.

6) Jencks and Phillips, 1998: 3~4.

7) 내 아내가 의학대학원 준비생들을 위한 진로 상담가로 재직 중인 케니언대학교Kenyon college에서 이런 일이 발생했던 것을 본 적이 있다. 내 아내 모는 오하이오에 있는 의학대학원의 몇몇 학장들과 좋은 관계를 유지해 왔다. 실력이 있는데도 아무 곳에서 합격 소식을 듣지 못하는 학생이 발생하면 그렇게 알고 있는 학장들에게 전화를 건다. 그 경우 항상 성공적으로 학생

을 입학시킨다.

8) Boyd et al., 2005.

9) Gordon, Kane, and Staiger, 2006.

10) Chetty, Friedman, and Rockoff, 2014: 2595, appendix D

11) Downey, Quinn, and Alcaraz, 2019. 이 연구에서 우리는 세타 척도를 사용하고 더 긴 시간 아이들을 추적하여 2008년 연구를 개선할 수 있었다.

12) Isenberg et al., 2016.

13) Lareau and Goyette, 2014.

2부

1) Coleman et al., 1966: 325.

2) 최신 방법으로 분석하면 콜먼이 생각했던 것보다 더 뚜렷하게 학교가 불평등을 완화하는 결과를 발견할 수 있을 것이라는 내 생각에 모두가 동의하는 것은 아니다. 보먼Borman과 다울링Dowling(2010)은 콜먼이 사용했던 교육기회 평등Equality of Educational Opportunity 자료를 보다 정교한 다층 모형을 적용해 재분석했다. 이들의 결론은 콜먼의 결론보다 학교 간 차이가 불평등의 변이를 크게 설명한다는 것이었다. 언어 점수 변이의 40%가 학교 간 차이에서 기인한다고 밝혔다. 이 결과는 학교 간 차이가 상당히 중요할 것이라 시사한다. 그러나 2장의 내용을 상기하자. 아이들은 이미 유치원 입학 시점에서 극적인 격차를 보인다. 이는 학교 간 차이가 단지 다른 아이들이 다른 학교에 입학하고 다니기 때문이란 점을 보여준다. 보먼과 다울링은 가족 배경(거주지 위치, 부모 학력, 가족 구조, 형제자매 수, 가족 내 자원, 독서 자료)을 통제하는 방식으로 이 문제를 해결하려 했다. 그러나 가족 배경 변수들이 가족들 간의 차이를 완전히 포착할 수는 없고 따라서 그들이 산출한 학교 효과 추정치는 편향으로부터 자유로울 수 없다. 2장에서 밝힌 바와 같이, 통상적인 설문조사 자료로는 가족 배경을 완전히 포착해 내기 쉽지 않기 때문에 서로 다른 학교에 다니는 아이들을 통계적으로 동등화함으로써 학교 효과를 식별하는 것은 현실적이지 않다. 따라서 한 시점에서 측정된

학교의 재발견

자료를 분석하는 것보다 계절 비교를 통해 학교 효과를 식별하는 것이 더 적합하다고 할 수 있다.

5장

1) Bowles and Gintis, 1976; Anyon, 1981.

2) Gershenson et al., 2018. 관심이 있다면 다음 연구도 참고하기 바란다: Joshi, Doan, and Springer, 2018.

3) Gregory, Skiba, and Noguera, 2010.

4) National Center for Education Statistics, 2012.

5) http://education.ohio.gov/Topics/Finance-and-Funding/Finance-Related-Data/Expenditure-and-Revenue/Expenditure-Revenue-Data

6) 그래서 실제 교육 비용instructional expenditure만으로 계산하면 그 차이는 조금 더 크다. 예를 들어, 2011-2012학년도에 콜럼버스 학군의 실 교육 비용은 7,173달러로 어퍼 알링턴(9,689달러), 벡슬리(8,442달러), 워딩턴(7,673달러) 등의 다른 학군들에 비해 낮다. 그러나 이 경우에도 차이는 사람들이 생각하는 것만큼 크지 않다.

7) Isenberg et al., 2016; Chetty, Friedman, and Rockoff, 2014.

8) Merry, 2013.

9) Zuberi, 2006.

10) Reardon, 2011.

11) Goyette, 2008; Renzulli and Roscigno, 2005.

12) Rothstein, 2004.

13) Green and Benner, 2018.

14) Dobbie and Fryer, 2011.

15) Hassrick, Raudenbush, and Rosen, 2017.

16) Hassrick, Raudenbush, and Rosen, 2017.

17) Duncan and Murnane, 2014.

18) Heckman and Masterov, 2007.

19) Heckman and Masterov, 2007.

20) Farkas and Beron, 2004.

21) Whitehurst, 2016.

6장

1) Von Hippel, 2010.

2) Kozol, 1991.

3) National Center for Education Statistics, 2010.

4) Corcoran et al., 2004.

5) Collins and Hoxie, 2017.

6) Piketty, 2014.

7) Von Hippel, 2010.

8) Millard and Aragon, 2015; National Association for Gifted Children, 2015.

9) Bourdieu, 1977.

10) DiMaggio, 1982.

11) Kingston, 2001.

12) Duffett, Farkas, and Loveless, 2008.

13) Anyon, 1981.

14) Downey, Workman, and von Hippel, 2019.

15) Von Hippel et al., 2007; von Hippel and Workman, 2016.

7장

1) Specia, 2017.

2) Freedman, 2007.

3) Medina, 2010.

4) Ropeik, 2010.
5) 미국인들은 이런 현상이 강고한 개인주의적 가치 때문이라 믿고 싶어 한다. 집단에 거스르며 자기 선택권을 중요시하고 권위에 도전하며 개인의 자유를 우선으로 여긴다고 믿는 것이다. 나치 부역자들이 뉘른베르크 재판에서 우린 그저 명령을 따랐을 뿐이라고 하면서 자신들의 악행을 정당화했을

학교의 재발견

때, 미국인들은 코웃음을 쳤다. 자신들은 어떤 명령이 떨어지더라도 독일인들과 달리 절대 사람들을 가스실로 보내지 않을 것이라 자신했다. 미국인들은 권위에 기꺼이 저항하는 사람들이니까 말이다. 하지만 정말로 그런지는 확실하지 않다. 사람들에게 "사람들은 예외 없이 항상 법을 준수해야 할까요, 아니면 때에 따라서는 법을 어기면서도 자신의 양심을 따라야 하는 예외가 존재할까요?"라고 묻고 국가별로 응답을 비교해 보면 미국인들은 아마 미국이 대부분 법보다 개인의 양심에 더 가치를 두는 경향이 가장 강한 나라일 것이라 기대할 것이다. 하지만 실제로는 그렇지 않다. 45%의 미국인 응답자들이 법보다 양심을 선택했지만, 덴마크에서는 50%, 노르웨이에서는 52%, 영국에서는 58%, 독일에서는 61%, 네덜란드와 핀란드에서는 65%, 스웨덴에서는 68%, 프랑스에서는 78%의 사람들이 양심이 우선되어야 한다고 응답했다. 미국인들은 그런 면에서 예외적이긴 하다. 생각한 것과 반대 방향으로 말이다. 이 질문 결과만 특별히 이상한 것이 아니다. "사람들은 국가가 잘못하고 있는 경우에도 국가를 지지해야 하는가"라는 질문에 대한 응답에서도 동일한 결과가 나타났다. 즉, 개인의 선택과 양심을 우선시하는 개인주의적 가치가 미국에서만 나타나는 유난하고 예외적인 특성이 아니라는 말이다. 미국인들은 그저 정부와 정부의 사회 정책에 대해 적대적이란 점에서 유난스러울 뿐이다. 자유에 대한 지향보다는 정부에 대한 반대다. Fischer, 2010을 보라.

6) Kantor and Lowe, 2013.

7) Steffes, 2012: 207.

8) Katz, 2013; McCall, 2013.

9) Moynihan, Rainwater, and Yancey, 1967:12.

10) Ryan, 1971.

11) Massey and Sampson, 2009:12.

12) Massey, 1995: 747~748.

13) Herrnstein and Murray, 1994.

14) National Center for Education Statistics, 2017.

15) Levanon, England, and Allison, 2009.

16) 1981년에 에릭 하누섹이 쓴「학교에 돈 던지기」^{Throwing Money at Schools}라는
유명한 논문이 있다. 이 논문에서 하누섹은 재정 투입과 학생들의 성취 간
에는 별 상관성이 없다고 주장했다. 학교에 대한 투자와 학생의 결과물 사
이에는 아주 미미한 상관관계만 존재한다는 점을 지목하면서 학급 규모
를 줄이고 잘 훈련된 교사들을 고용하는 식의 전통적인 학교 개혁 접근의
실효성에 의문을 제기한다. 학교에 돈을 더 투입한다고 나아질 것은 별로
없을 것이라는 결론이다. 하지만 하누섹의 해법 역시 결국은 학교 중심적
이다. 그는 더 나은 학습 환경을 구축하기 위해 제대로 된 유인을 만들 필
요가 있고, 학교 구조조정을 지향하는 쪽의 대안을 제안한다. 자료가 학교
특성들이 그다지 중요하지 않다고 말해주고 있는데도 그 역시 결국 학교
중심적 해법에서 벗어나지 못했던 셈이다.

8장

1) Fletcher and Tienda, 2009.
2) 더 최근 분석들을 보면 그들이 너무 성급하게 포기하고 물러선 것일지도 모
른다는 생각을 가지게 된다. 예를 들어, 슈나이더(2016)에 따르면 소규모
학교들에서 졸업률은 9.5% 향상되었다. 이는 상당한 규모의 성과다.
3) Russakoff, 2015.
4) Kotlowitz, 2015.
5) Ohio Department of Education, 2019.
6) Rawls, 1999.
7) 영향력 지표를 이용해 학교의 성과 책임을 측정하는 데 있어 어려운 점 중
하나는 영향력 지표가 자칫 학교로 하여금 여름방학 동안 아이들의 학습을
독려하지 않고 오히려 저해하는 방향으로의 유인을 제공할 수 있다는 것
이다. 왜냐하면 학기 중과 방학 동안의 학습량 차이를 바탕으로 평가될 것
이기 때문이다. 더불어 학교의 역할이 단지 국어와 수학 성취도를 높이는
것에 국한되는 것은 아니다. 평가를 시험 점수로만 국한시킬 경우 필연적
으로 교육과정 자체의 폭이 좁아질 것이다.
8) 나는 여기에 1.5배 추정치를 적용했다. 잘나가는 성공적인 학교들의 경우

다른 학교들에 비해 1.5배가량 더 많은 학교 교육을 제공한다는 사실에 기반을 뒀다.

9) Downey and Condron, 2016b: 235.

10) 학교 중심 해법 중 한 가지는 수업일 수를 1년 전체에 걸쳐 분산시켜, 빈곤하고 어려운 아이들이 뒤처지게 되는 여름방학 기간을 줄이는 것이다. 폴 본 히펠은 기존의 학기 일정 대신 1년을 고루 활용하는 일정으로 학기가 진행될 경우 불평등이 어떻게 나타날지에 대해 연구했다. 그는 큰 차이가 없을 것이라는 결론을 내린다. 긴 여름방학 동안 SES에 따른 격차가 크게 발생하는 일은 없어지지만, 짧은 방학 동안 자잘한 격차가 자주 많이 발생하기 때문이다(von Hippel, 2016). 요약하면, 수업일(학사일정)만 조정해서 성취도 격차를 줄일 수는 없다. 하지만 계절 비교 연구 결과가 학교 교육이 확대될수록 불평등이 감소하는 경향성이 나타날 것이라는 함의를 준다는 점만큼은 분명하다. 이 말은 학교 연간 수업일을 180일에서 220일로 늘리는 식의 정책이 SES에 따른 성취도 격차를 줄이는 데 도움이 될 것임을 의미한다(흑백 간 격차는 늘어날 가능성도 있지만). 하지만 학기 중 격차가 거의 변하지 않는다는 점을 생각하면 전반적인 효과의 크기는 그렇게 크지 않을 것으로 생각된다.

11) Ewijk and Sleegers, 2010.

12) Rothstein, 2004.

13) Schwartz, 2010.

14) Congressional Budget Office, 2019.

15) Kenworthy, 2014: 90.

부록 A

1) 일부 연구자들은 이 자료를 「ECLS-K: 2011」이라고 지칭한다. 우리는 그냥 2010년 자료라고 부르겠다. 응답 아이들이 처음으로 조사된 해가 2010년이기 때문이다.

옮긴이 해제

1) Downey and Condron, 2016.

2) 크리스토퍼 젠크스Christopher Jencks, 바버라 슈나이더Barbara Schneider, 프루던스 카터Prudence Carter, 존 메이어John Meyer, 플로렌샤 토르췌Florencia Torche, 애덤 개모런Adam Gamoran이 참여했다. 이들의 방법론적·이론적 배경은 다양하며 모두 교육 불평등 연구와 관련해 일가를 이루었거나 이루고 있는 학자들이라 해도 과언이 아니다.

3) Downey, Kuhfeld, and van Hek, 2022.

4) Condron, Downey, and Kuhfeld, 2021.

5) Passaretta and Skopek, 2021.

6) Passaretta, Skopek, and van Huizen, 2022.

7) 임영신·최성수, 2022.

8) Engzell, Frey, and Verhagen, 2021.

9) Betthäuser, Bach-Mortensen, and Engzell, 2023.

10) Birkelund and Karlson, 2022.

11) Borgonovi and Ferrara, 2023.

12) Kane and Reardon, 2023.

13) Choi, Lim, and Koh, 2022.

참고문헌

Alexander, Karl L. 1997. "Public Schools and the Public Good." *Social Forces* 76 (1): 1-30.

Anyon, Jean. 1981. "Social Class and School Knowledge." *Curriculum Inquiry* 11 (1): 3.

Ballantine,Jeanne H.,Joan Z. Spade, andJenny Stuber. 2017. *Schools and Society: A SociologicalApproach to Education.* 6th ed. Los Angeles, CA: Pine Forge Press.

Ballou, Dale. 2008. "Test Scaling and Value-Added Measurement." Paper presented at the Wisconsin Center for Education Research's National Conference on Value-Added Modeling. https://eric.ed.gov/?id=ED510378.

Berliner, David C., and BruceJ. (BruceJesse) Biddle. 1996. *The Manufactured Crisis: Myths, Fraud, and the Attack on America's Public Schools.* Addison-Wesley.

Borman, Geoffrey, and Maritza Dowling. 2010. "Schools and Inequality: A Multilevel Analysis of Coleman's Equality of Educational OpPortunity Data." *Teachers College Record* 112 (5): l201-46.

Bourdieu, Pierre. 1977. "Cultural Reproduction and Social Reproduction." In *Power and Ideology in Education*, edited by J. Karabel and A. H. Halsey, 487-511. New York: Oxford University.

Bowles, Samuel, and Herbert Gintis. 1976. *Schooling in Capitalist America: EducationalReform and the Contradictions ofEconomic Life.* New York: Basic Books.

Boyd, Donald, Hamilton Lankford, Susanna Loeb, and James Wyckoff. 2005. "Explaining the Short Careers ofHigh-Achieving Teachers in Schools with Low-Performing Students." *American EconomicReview* 95 (2): 166-71.

Burkam, David T., Douglas D. Ready, Valerie E. Lee, and Laura F. LoGerfo. 2004. "Social-Class Differences in Summer Learning between Kindergarten and First Grade: Model Specification and Estimation." *Sociology ofEducation* 77 (1): 1-31.

Chetty, Raj,John N. Friedman, andJonah E. Rockoff. 2014. "Measuring the Impacts of Teachers II : Teacher Value-Added and Student Outcomes in Adulthood." *American Economic Review* 104 (9): 2633-79.

Coleman, James S., Ernest Q. Campbell, Carol J. Hobson, James McPartland, Alexander M. Mood, Frederic D. Weinfeld, and Robert L. York. 1966. *Equality of Educational Opportunity.* Washington: Government Printing Office.

Collins, Chuck, and Josh Hoxie. 2017. *Billionaire Bonanza: The Forbes 400 and the Rest of Us.* Washington, DC: Institute for PolicyStudies.

Condron, Dennis. 2011. "Egalitarianism and Educational Excellence: Compatible Goals for Affluent Societies?" *Educational Researcher* 40 (2): 47-55.

Congressional Budget Office. 2019. *The Distribution of Household Income, 2016.* Washington D. C.

Corak, Miles. 2013. "Income Inequality, Equality of Opportunity, and Intergenerational Mobility." *Journal of Economic Perspectives* 27 (3): 79-102.

Corcoran, Sean P., William N. Evans, Jennifer Godwin, Sheila E. Murray, and Robert M. Schwab. 2004. "The Changing Distribution of Education Finance, 1972-1997." In *Social Inequality*, edited by K. M. Neckerman. New York, NY: Russell Sage Foundation.

Cornman, S. Q., Lei Zhou, M. R. Howell, and J. Young. 2017. *Revenues and Expenditures for Public Elementary and Secondary Education: School Year 2014-2015 (Fiscal Year 2015).* Washington, DC: U.S. Department of Education.

DiMaggio, Paul. 1982. "Cultural Capital and School Success: The Impact of Status Culture Participation on the Grades of U.S. High School Students." *American Sociological Review* 47 (2): 189-201.

Dobbie, Will, and Roland G. Fryer. 2011. "Are High Quality Schools Enough to Close the Achievement Gap? Evidence from a Social Experiment in Harlem." *American Economic Journal: Applied Economics* 3 (3): 1§8—7.

Downey, Douglas B., and D. J. Condron. 2016a. "Fifty Years since the Coleman Report: Rethinking the Relationship between Schools and Inequality." *Sociology of Education* 89 (3): 207-20.

Downey, Douglas B., and Dennis J. Condron. 2016b. "Two Questions for Sociologists of Education: A Rejoinder." *Sociology of Education* 89 (3): 234-35.

Downey, Douglas B., David Quinn, and Melissa Alcaraz. 2019. "The Distribution of School Quality." *Sociology of Education* 92 (4): 386-403.

학교의 재발견

Downey, Douglas B., Paul T. von Hippel, and Beckett A. Broh. 2004. "Are Schools the Great Equalizer? Cognitive Inequality during the Summer Months and the School Year." *American Sociological Review* 69 (5): 613-35.

Downey, D. B., P. T. von Hippel, and M. Hughes. 2008. "Are 'Failing' Schools Really Failing? Using Seasonal Comparison to Evaluate School Effectiveness." *Sociology of Education* 81 (3): 242-70.

Downey, Douglas B., Joseph Workman, and Paul von Hippel. 2019. "Socioeconomic, Ethnic, Racial, and Gender Gaps in Children's Social/Behavioral Skills: Do They Grow Faster in School or Out?" *Sociological Science* 6: 446-66.

Due, Pernille, Juan Merlo, Yossi Harel-Fisch, Mogens Trab Damsgaard, Bjorn E. Holstein, Jorn Hetland, Candace Currie, Saoirse Nic Gabhainn, Margarida Gaspar De Matos, and John Lynch. 2009. "Socioeconomic Inequality in Exposure to Bullying during Adolescence: A Comparative, Cross-Sectional, Multilevel Study in 35 Countries." *American Journal of Public Health* 99 (5): 907-14.

Duffett, Ann, Steve Farkas, and Tom Loveless. 2008. *High-AchievingStudents in the Era of No Child Left Behind.* Thomas B. Fordham Institute: Washington, DC.

Duncan, Greg J., and Richard J. Murnane. 2014. *Restoring Opportunity: The Crisis of Inequality and the Challenge for American Education.* Cambridge, MA: Harvard Education Press.

Entwisle, Doris R., and Karl L. Alexander. 1992. "Summer Setback: Race, Poverty, School Composition, and Mathematics Achievement in the First Two Years of School." *American Sociological Review* 57 (1): 72-84.

Ewijk, Reyn van, and Peter Sleegers. 2010. "The Effect of Peer Socioeconomic Status on Student Achievement: A Meta-Analysis." *Educational Research Review* 5 (2): 134-50.

Farkas, George, and Kurt Beron. 2004. "The Detailed Age Trajectory of Oral Vocabulary Knowledge: Differences by Class and Race." *Social Science Research* 33 (3): 464-97.

Firebaugh, Glenn. 2008. *Seven Rules for Social Research.* Princeton: Princeton University Press.

Fischer, Claude S. 2010. "Americans Not the Individuals We Think We Are." *The Dallas Morning News,* July 1.

Fischer, Claude S., Michael Hout, Martin Sanchez Jankowski, Samuel R. Lucas, Ann

Swidler, and Kim Voss. 1996. *Inequality by Design: Cracking the Bell Curve Myth.* 1st ed. Princeton: Princeton University Press.

Fletcher, Jason M., and Marta Tienda. 2009. "High School Classmates and College Success." *Sociology of Education* 82 (4): 287-314.

Freedman, Samuel G. 2007. "Where Teachers Sit, Awaiting Their Fates." *New York Times*. Retrieved January 21, 2020. https://www.nytimes.com/2007/10/10/education/1o0education.html?searchResultPosition=3.

Fryer, Roland G., and Steven D. Levitt. 2004. "Understanding the Black-White Test Score Gap in the First Two Years of School." *The Review of Economics and Statistics* 86 (2): 447-64.

Gangl, Markus. 2010. "Causal Inference in Sociological Research." *Annual Review of Sociology* 36: 21-47.

Gershenson, Seth, Cassandra M. Hart, Joshua Hyman, Constance Lindsay, and Nicholas Papageorge. 2018. "The Long-Run Impacts of Same-Race Teachers." National Bureau of Economic Research, Working Paper Number 25254.

Gordon, Robert, Thomas J. Kane, and Douglas O. Staiger. 2006. *Identifying Effective Teachers Using Performance on the Job: The Hamilton Project, Discussion Paper 2006-01.* Washington, DC: Brookings Institution.

Goyette, Kimberly A. 2008. "Race, Social Background, and School Choice Options." Equity & Excellence in Education 41 (1): 114-29.

Green, Erica L., and Katie Benner. 2018. "Louisiana School Made Headlines for Sending Black Kids to Elite Colleges. Here's the Reality." *New York Times*, November 30.

Gregory, Anne, Russell J. Skiba, and Pedro A. Noguera. 2010. "The Achievement Gap and the Discipline Gap." *Educational Researcher* 39 (1): 59-68.

Hair, Nicole L., Jamie L. Hanson, Barbara L. Wolfe, and Seth D. Pollak. 2015. "Association of Child Poverty, Brain Development, and Academic Achievement." *JAMA Pediatrics* 169 (9): 822.

Hanushek, Eric A. 1981. "Throwing Money at Schools." Journal of Policy Analysis and Management 1 (1): 19-41.

Hassrick, Elizabeth McGhee, Stephen W. Raudenbush, and Lisa Stefanie Rosen. 2017. *The Ambitious Elementary School: Its Conception, Design, and Implications for Educational Equality.* Chicago, IL: University of Chicago Press.

학교의 재발견

Heckman, James J. 2006. "Skill Formation and the Economics of Investing in Disadvantaged Children." *Science* 312 (5782): 1900-1902.

Heckman, James J., and Dimitriy V. Masterov. 2007. "The Productivity Argument for Investing in Young Children." *Applied Economic Perspectives and Policy* 29 (3): 446-93.

Heckman, James J., Jora Stixrud, and Sergio Urzua. 2006. "The Effects of Cognitive and Noncognitive Abilities on Labor Market Outcomes and Social Behavior." *Journal of Labor Economics* 24 (3): 411-82.

Herrnstein, Richard J., and Charles Murray. 1994. *Bell Curve: Intelligence and Class Structure in American Life*. New York, NY: Free Press.

Institute of Medicine and National Research Council. 2000. From Neurons to Neighborhoods: *The Science of Early Childhood Development*. Washington, DC: National Academy Press.

Isenberg, Eric, Jeffrey Max, Philip Gleason, Matthew Johnson, Jonah Deutsch, and Michael Hansen. 2016. *Do Low-Income Students Have Equal Access to Effective Teachers? Evidence from 26 Districts (NCEE 2017-4008)*. Washington, DC: National Center for Education Evaluation and Regional Assistance.

Jencks, Christopher, and Meredith Phillips, eds. 1998. *The Black-White Test Score Gap*. Washington, DC: Brookings Institution Press.

Jencks, Christopher, Marshall Smith, Henry Acland, Mary Jo Bane, David Cohen, Herbert Gintis, Barbara Heyns, and Stephanie Michelson. 1972. Inequality: A Reassessment of the Effect of Family and Schooling in America. New York, NY: Harper Colophon Books.

Johnson, William R., and Derek Neal. 1998. "Basic Skills and the Black-White Earnings Gap." In *The Black-White Test Score Gap*, edited by Christopher Jencks and Meredith Phillips, 480-500. Washington, DC: Brookings Institution Press.

Joshi, Ela, Sy Doan, and Matthew G. Springer. 2018. "Student-Teacher Race Congruence: New Evidence and Insight From Tennessee." *AERA Open* 4 (4): 233285841881752.

Kantor, Harvey, and Robert Lowe. 2013. "Educationalizing the Welfare State and Privatizing Education: The Evolution of Social Policy Since the New Deal." In *Closing the Opportunity Gap*, edited by P. L. Carter and K. G. Welner, 25-39. New York, NY: Oxford University Press.

Katz, Michael. 2013. *Public Education under Siege*. Philadelphia: University of Pennsylvania Press.

Kenworthy, Lane. 2014. "America's Social Democratic Future: The Arc of Policy Is Long but Bends Toward Justice." *Foreign Affairs* 93 (1): 86-100.

Kingston, Paul W. 2001. "The Unfulfilled Promise of Cultural Capital Theory." *Sociology of Education, 74, special issue, Current of Thought: Sociology of Education at the Dawn of the 21st Century*: 88-99.

Kotlowitz, Alex. 2015. ""The Prize, by Dale Russakoff." New York Times, August 19. https://www.nytimes.com/2015/08/23/books/review/the-prize-by-dale-russakoff.html?searchResult Position=1.

Kozol, Jonathan. 1991. *Savage Inequalities: Children in Americas Schools*. New York: Harper Perennial.

Lareau, Annette, and Kimberly A. Goyette. 2014. *Choosing Homes, Choosing Schools*. New York, NY: Russell Sage Foundation.

Levanon, A., P. England, and P. Allison. 2009. "Occupational Feminization and Pay: Assessing Causal Dynamics Using 1950-2000 U.S. Census Data." *Social Forces* 88 (2): 865-91.

Massey, Douglas S. 1995. "The Bell Curve: Intelligence and Class Structure in American Life. Richard J. Herrnstein , Charles Murray." American Journal of Sociology 101 (3): 747-53.

Massey, Douglas S., and Robert J. Sampson. 2009. "Moynihan Redux: Legacies and Lessons." *Annals of the American Academy of Political and Social Science* 621 (1): 6-27.

McCall, Leslie. 2013. *The Undeserving Rich: American Beliefs about Inequality, Opportunity, and Redistribution*. Cambridge: Cambridge University Press. Medina, Jennifer. 2010. "Teachers Set Deal With City on Discipline Process." New York Times. Retrieved January 21, 2020. https://www.nytimes.com/2010/04/16/nyregion/16rubber.html?searchResultPosition=1.

Merry, Joseph J. 2013. "Tracing the U.S. Deficit in PISA Reading Skills to Early Childhood: Evidence from the United States and Canada." *Sociology of Education* 86 (3): 234-52.

Millard, Maria, and Stephanie Aragon. 2015. *State Funding for Students with Disabilties: All States All Data*. Denver, CO: Education Commission of the States.

Moynihan, Daniel Patrick, Lee Rainwater, and William L. Yancey. 1967. *The Negro Family: The Case for National Action*. Cambridge, MA: MIT Press.

National Association for Gifted Children. 2015. *State of the States in Gifted Education: Policy and Practice Data*. Washington, DC.

National Center for Education Statistics. 2010. "The Condition of Education: Public School Expenditures by District Poverty (Indicator 36-2010)." Washington, DC: U.S. Department of Education.

National Center for Education Statistics. 2012. "Digest of Education Statistics." Retrieved June 28, 2012. http://nces.ed.gov/programs/coe/indicator_pri.asp.

National Center for Education Statistics. 207. *Digest of Education Statistics, 2017*. Washington, DC: U.S. Department of Education.

Ohio Department of Education. 2019. *Understanding Ohio's School Report Card*. http://education.ohio.gov/getattachment/Topics/Data/Report-Card-Resources/Sections/General-Report-Card-Information/A-F-Report-Card.pdf.aspx.

Piketty, Thomas. 2014. *Capital in the Twenty-First Century*. Cambridge, MA: Belknap Press of Harvard University Press.

Quinn, D. M., N. Cooc, J. McIntyre, and C. J. Gomez. 2016. "Seasonal Dynamics of Academic Achievement Inequality by Socioeconomic Status and Race/Ethnicity: Updating and Extending Past Research With New National Data." *Educational Researcher* 45 (8): 443-53.

Rawls, John. 1999. *A Theory of Justice*. Rev. ed. Cambridge, MA: Belknap Press of Harvard University Press.

Reardon, Sean F. 2011. "The Widening Academic Achievement Gap Between the Rich and the Poor: New Evidence and Possible Explanations." In *Whither Opportunity: Rising Inequality, Schools, and Children's Life Chances*, edited by Greg J. Duncan and Richard J. Murnane, 91-116. New York: Russell Sage Foundation.

Renzulli, Linda A., and Vincent J. Roscigno. 2005. "Charter School Policy, Implementation, and Diffusion across the United States." *Sociology of Education* 78 (4): 344.

Ropeik, David. 2010. "Global Warming: No Big Deal?" The Atlantic. Retrieved January 6, 2020 https://www.theatlantic.com/technology/archive/2010/03/global-warming-no-big-deal/36835/.

Rothstein, Richard. 2004. *Class and Schools: Using Social, Economic, and Educational*

Reform to Close the Black-White Achievement Gap. Washington, DC: Economic Policy Institute and Teachers College.

Russakoff, Dale. 2015. "The Prize: Who's in Charge of America's Schools?" New York, NY: Houghton Mifflin Harcourt.

Ryan, William. 1971. *Blaming the Victim*. New York, NY: Pantheon Books.

Sampson, Robert J., Patrick Sharkey, and Stephen W. Raudenbush. 2008. "Durable Effects of Concentrated Disadvantage on Verbal Ability among African-American Children." *Proceedings of the National Academy of Sciences of the United States of America* 105 (3): 845-52.

Schneider, Barbara. 2018. "Introduction." in *Handbook of the Sociology of Education in the 21st Century*, xvii. New York, NY: Springer.

Schneider, Jack. 2016. "Small Schools: The Edu-Reform Failure That Wasn't." *Education Week*, February 9.

Schwartz, Heather. 2010. "Housing Policy Is School Policy: Economically Integrative Housing Promotes Academic Success in Montgomery County, Maryland." In *The Future of School Integration*, edited by Richard D. Kahlenberg. New York, NY: Century Foundation.

Shonkoff, Jack P., and Andrew S. Garner. 2012. "The Lifelong Effects of Early Childhood Adversity and Toxic Stress." *Pediatrics* 129 (1): e232-e346.

Sopolsky, Robert M. 2017. *Behave: The Biology of Humans at Our Best and Worst*. New York, NY: Penguin Books.

Specia, Megan. 2017. "'Frida Sofia': The Mexico Earthquake Victim Who Never Was." *New York Times*, September 27.

Steffes, Tracy Lynn. 2012. *School, Society, and State: A New Education to Govern Modern America, 1890-1940*. Chicago, IL: University of Chicago Press.

Thum, Yeow Meng. 2018. "The Vertical, Interval Scale Assumption of a Computerized Adaptive Test: Evidence from Additive Conjoint Measurement." in *1TC Meetings*. Montreal, Canada.

Tyack, David B., and Larry Cuban. 1995. *Tinkering toward Utopia: A Century of Public School Reform*. Cambridge, MA: Harvard University Press.

von Hippel, Paul T. 2010. "Schools and Inequality, Revisited." Unpublished dissertation, Department of Sociology, Ohio State University, Columbus, Ohio.

von Hippel, Paul T. 2016. "Year-Round School Calendars: Effects on Summer Learning, Achievement, Families, and Teachers." In *Summer Learning and Summer Learning Loss: Theory, Research, and Practice*, edited by K. L. Alexander, M. Boulay, and S. Pitcock. New York: Teachers College Press.

von Hippel, Paul T., and Caitlin Hamrock. 2019. "Do Test Score Gaps Grow Before, During, or between the School Years? Measurement Artifacts and What We Can Know in Spite of Them." *Sociological Science* 6 (3): 43-80.

von Hippel, Paul T., Brian Powell, Douglas B. Downey, and Nicholas J. Rowland. 2007. "The Effect of School on Overweight in Childhood: Gain in Body Mass Index during the School Year and during Summer Vacation." *American Journal of Public Health* 97 (4): 696-702.

von Hippel, Paul T., and Joseph Workman. 2016. "From Kindergarten Through Second Grade, U.S. Children's Obesity Prevalence Grows Only During Summer Vacations." *Obesity* 24 (11): 2296-300.

von Hippel, Paul T., Joseph Workman, and Douglas B. Downey. 2018. "Inequality in Reading and Math Skills Forms Mainly before Kindergarten: A Replication, and Partial Correction, of 'Are Schools the Great Equalizer?'" *Sociology of Education* 9 (4): 323-57.

Walberg, Herbert J. 1984. "Families As Partners in Educational Productivity." *Phi Delta Kappan* 65 (6): 397-400.

Walters, Pam. 1995. "Crisis in Excllence and Social Order in American Education: A Historical Perspective." In *Educational Advancement and Distributive Justice: Between Equality and Equity*, edited by R. Kahane. Jerusalem: The Magnes Press.

Whitehurst, Grover J. "Russ." 2016. *Family Support or School Reaainess? Contrasting Models of Public Spending on Children's Early Care and Learning*. Washington, DC: Brookings Institution.

Zuberi, Dan. 2006. *Differences That Matter: Social Policy and the Working Poor in the United States and Canada*. Ithaca, NY: ILR Press/Cornell University Press.

옮긴이 해제

임영신·최성수. 2022. "불평등은 언제부터 발생하는가: 초기 아동기 인지능력 발달에서 나타나는 가족배경 격차 추세." 『한국사회학』 56권 2호: 1 - 44.

Betthäuser, Bastian A., Anders M. Bach-Mortensen, and Per Engzell. 2023. "A Systematic Review and Meta-Analysis of the Evidence on Learning during the COVID-19 Pandemic." Nature Human Behaviour, Online first, https://doi.org/10.1038/s41562-022-01506-4.

Birkelund, Jesper Fels, and Kristian Bernt Karlson. 2022. "No Evidence of a Major Learning Slide 14 Months into the COVID-19 Pandemic in Denmark." European Societies, Online first, https://doi.org/10.1080/14616696.2022.2129085.

Borgonovi, Francesca, and Alessandro Ferrara. 2023. "COVID-19 and Inequalities in Achievement in Italy." Research in Social Stratification and Mobility, Online first, https://doi.org/10.1016/j.rssm.2023.100760.

Choi, Seongsoo, Youngshin Lim, and Wontae Koh. 2022. "Educational Inequality in the Age of the COVID-19 Pandemic in South Korea: Achievement Gaps by Family Background and Gender." Unpublished manuscript.

Condron, Dennis J., Douglas B. Downey, and Megan Kuhfeld. 2021 "Schools as Refractors: Comparing Summertime and School-Year Skill Inequality Trajectories." Sociology of Education 94(4): 316-340.

Douglas B. Downey and Dennis J. Condron. 2016. "Fifty Years since the Coleman Report Rethinking the Relationship between Schools and Inequality." Sociology of Education 89(3): 207-220.

Downey, Douglas B., Megan Kuhfeld, and Margriet van Hek. 2022. "Schools as a Relatively Standardizing Institution: The Case of Gender Gaps in Cognitive Skills." Sociology of Education 95(2): 89–109.

Engzell, Per, Arun Frey, and Mark D. Verhagen. 2021. "Learning Loss Due to School Closures during the COVID-19 Pandemic." Proceedings of the National Academy of Sciences 118(17).

Kane, Tom, and Sean Reardon. 2023. "Parents Don't Understand How Far Behind Their Kids Are in School." The New York Times, 2023. 5. 11.

Passaretta, Giampiero, and Jan Skopek. 2021. "Does Schooling Decrease Socioeconomic Inequality in Early Achievement? A Differential Exposure Approach." American Sociological Review 86(6): 1017-1042.

Passaretta, Giampiero, Jan Skopek, and Thomas van Huizen. 2022. "Is Social Inequality in School-Age Achievement Generated before or during Schooling? A European Perspective." European Sociological Review 38(6): 849–65.